500 PERGUNTAS SOBRE

SEXO

OBJETIVA

500 PERGUNTAS SOBRE

SEXO

Respostas para as principais dúvidas de homens e mulheres

Laura Muller e Nélson Vitiello

OBJETIVA

Editora Objetiva LTDA.

Rua Cosme Velho, 103

Rio de Janeiro - RJ - CEP: 22241-090

Tel: (21) 556 7824 - Fax: (21) 556 3322

www.objetiva.com.br

Capa e projeto gráfico

Sérgio Liuzzi/ André de Castro/ Interface Designers

Revisão

Tereza da Rocha/ Neusa Peçanha

Ilustrações

Líbero Malavoglia e Iara Spina

Foto dos autores

Christian Parente

Produção

Magda Pandolfi

Editoração

F.A. Editoração

M958q

Muller, Laura & Vitiello, Nélson

500 perguntas sobre sexo : respostas para as principais dúvidas de homens e mulheres / Laura Muller e Nélson Vitiello. - Rio de Janeiro : Objetiva, 2001

251 p. : Ilustr. ISBN 85-7302-361-9

1. Psicologia sexual - Obras populares. 2. Sexualidade. I. Vitiello, Nélson (co-autor). II. Título

CDD 155.3

Apresentação

"Como eu faço para chegar ao orgasmo?" "Tenho vergonha de me masturbar. Será que é mesmo errado?" "Perdi a ereção outro dia. E agora?" "Minha parceira reclama que eu ejaculo rápido demais. Será?" Dúvidas e inquietações como essas são mais freqüentes entre homens e mulheres do que se imagina. Os números assustam: dados da Sociedade Brasileira de Estudos em Sexualidade Humana comprovam que 35% dos homens e 55% das mulheres apresentam algum tipo de dificuldade na cama. Pode ser desde uma simples inibição para fazer isso ou aquilo a algo mais complicado, como a incapacidade de ter orgasmo ou de manter a ereção. A boa notícia é que, para a maioria dos problemas, há, sim, solução. Melhor ainda: muitas vezes uma dificuldade que parece monstruosa é facilmente resolvida com pequenos ajustes. O primeiro deles: descobrir a resposta certa para aquela dúvida que você sempre teve – ou que acabou de surgir.

Sexo é um assunto tabu. As pessoas não costumam conversar franca e abertamente sobre isso. Quando falam, geralmente é de forma repressora e preconceituosa. Na adolescência, por exemplo, muitos de nós ouviram da mãe, do pai ou da tia algo do tipo: "Tira a mão daí, menina! É feio!" ou "Sai desse banheiro, menino! O que você está fazendo tanto tempo aí dentro?" Essa repressão à descoberta de algo saudável e positivo gera culpa, medo, insatisfação. Quando o adulto não age dessa forma, muitas vezes fica omisso. São inúmeros os pais que evitam uma conversa franca e esclarecedora com os filhos. Muitos sequer mencionam a palavra sexo. Há ainda os que se limitam a dizer: "Cuidado, hein!?", sem dar maiores explicações sobre como agir e adotar, de fato, essa precaução a que se referem.

A maioria de nós foi criada por pais como esses. Eles, por sua vez, são filhos de quem também não lhes transmitiu boas orientações. Por quê? Ninguém agiu assim com eles. É um círculo vicioso que precisa, de alguma forma, ser interrompido. Como resultado dessa falta de esclarecimento, há uma sociedade que acredita que sexo se aprende exclusivamente na prática. Mas as coisas não são bem assim. Uma vida sexual feliz é fruto de informações claras. Nas páginas seguintes, tentaremos levar um pouco disso a você, além de mostrar maneiras de sentir mais prazer, como posições exóticas, técnicas de especialistas, massagens eróticas, exercícios vaginais.

O objetivo maior é, no entanto, responder às dúvidas que a maioria das pessoas tem, mas não sabe a quem perguntar. Ao esclarecê-las, ficará mais fácil se relacionar com a própria sexualidade. Isso só faz bem, pois sexo é algo muito saudável: relaxa, descarrega tensões, energiza o corpo, traz um novo colorido à vida, aumenta a cumplicidade do casal, dá prazer. Quem mantém o desejo aceso tem muito a ganhar. E não há idade, fase da vida ou estado civil que deva impedir a prática. Assim como não há mal algum em quebrar a rotina com carícias mais ousadas, em inovar, em manter relação anal ou oral, em se masturbar, em fazer sexo durante a gravidez. Desde que você sinta vontade, tudo bem. Ruim é ceder a uma coisa ou outra simplesmente para agradar a quem está ao seu lado. O seu desejo e a sua maneira de pensar devem ser respeitados sempre, tanto pelo outro como por você! Esse é um dos segredos para uma vida muito prazerosa.

Os autores

Sumário

AS 25 PRINCIPAIS DÚVIDAS SOBRE MASTURBAÇÃO

Capítulo **1**

Quem quer sentir mais prazer na cama precisa perder a inibição de se masturbar. Essa é a maneira mais fácil de conhecer o próprio corpo e de descobrir áreas em que o toque é deliciosamente excitante.

1 *É errado a mulher sentir prazer sozinha?*

Claro que não. Pelo contrário: a masturbação é considerada uma prática sexual saudável e necessária. É com ela que a mulher aprende a conhecer seus pontos de prazer, as áreas onde os toques são superexcitantes.

2 *Tenho vergonha de me masturbar. Sou igual ou diferente das outras mulheres?*

Assim como você, cerca de um terço das mulheres ainda apresenta algum empecilho emocional para se entregar à masturbação. Isso ocorre por questões basicamente culturais. O homem aprende desde pequeno que deve valorizar o pênis e que não tem problema tocá-lo. É até incentivado pelo pai. Já a mulher ouve da mãe coisas do tipo: "Tira a mão daí que é feio e sujo." Com uma orientação sexual preconceituosa como essa, fica difícil mesmo ter uma visão positiva da masturbação.

3 *Como eu faço para me desinibir?*

Um bom começo é observar a região pélvica com a ajuda de um espelho. Assim você identifica direito onde fica o quê. Use as mãos para afastar os grandes lábios. O segundo passo, que pode ser dado em um outro dia, é tatear toda a área. Concentre-se nas sensações e não se prenda só ali: toque os seios, a barriga, o rosto... Num terceiro momento, incremente o toque: você pode

A região vaginal e seus principais pontos

1 Clitóris
Principal órgão do prazer feminino: carícias no clitóris são as maiores responsáveis pelo orgasmo da mulher. Tem cerca de 2,5cm. Porém, essa é a parte que fica exposta. O órgão pode ter mais 9cm, que ficam para dentro do corpo.

2 Uretra
Não influi no prazer. É apenas o orifício por onde sai a urina.

3 Vagina
Tem cerca de 8cm de profundidade. Com a excitação, duplica de tamanho para receber o pênis. Na fase de repouso, as paredes do canal vaginal ficam unidas. Quando a mulher se excita, o canal se alarga e chega a 2,5cm de circunferência.

4 Períneo
Ponto entre a vagina e o ânus, de junção de diversos músculos da região pélvica.

usar um pouco de óleo ou creme de massagem, alternando movimentos circulares e de sobe e desce com pressões. Prenda-se mais tempo no que sentir mais prazer.

4 *Ele se masturba. Não precisa mais de mim?*

A masturbação é uma forma extremamente prazerosa de lidar com a sexualidade. Não há mal algum em ele – e você – se masturbarem. Isso não significa falta de desejo de um pelo outro. Se vocês continuam tendo prazer juntos, não se preocupe. Mas se a masturbação dele a incomoda demais, pratiquem juntos a masturbação. É uma excelente maneira de obter prazer.

5 Monte de Vênus
É o amortecedor da transa. Diminui o impacto dos movimentos repetitivos da penetração.

6 Pequenos lábios
Ficam recobertos pelos grandes lábios e protegem a vagina.

7 Grandes lábios
Incham quando a mulher se excita.

8 Ânus
Possui uma série de terminações nervosas e pode ser extremamente sensível a toques eróticos.

5 *Ele se masturba na internet. É traição?*

Essa é uma questão polêmica, que divide opiniões. Se ele se masturbar ao visitar sites com cenas eróticas e mulheres nuas, ou até mesmo ao ler frases picantes, a resposta é não, não é traição. Isso equivale a folhear uma revista pornô ou a assistir a um filme de sexo. Mas, se ele interagir com outra pessoa, num site de bate-papo erótico, por exemplo, há quem considere infidelidade. Isso porque se estabelece um vínculo entre ambos. Cabe a você avaliar a situação e discuti-la com o parceiro.

6 *Às vezes, o clitóris dói. Por quê?*

Porque é um órgão extremamente sensível e precisa estar preparado para que o toque seja considerado prazeroso. Isso ocorre com a excitação. Caso contrário, uma carícia no clitóris, por mais delicada que seja, pode realmente doer.

7 *Sinto cócegas. Por quê?*

Pelo mesmo motivo que algumas mulheres sentem dor: o clitóris não está preparado para perceber o toque como algo erótico. O corpo precisa de um tempo para se programar para o sexo. Senão a carícia na região pélvica irrita, faz cócegas, incomoda... Quer dizer, se você está agitada e estressada, é preciso parar alguns minutos e relaxar. Um banho morno e demorado pode ser uma boa opção. Aproveite para deslizar as mãos pelo próprio corpo durante o banho, com um pouco de espuma em cada uma delas. Essa é uma excelente preparação.

8 *O tamanho do clitóris influi no prazer?*

Não. Isso é um mito. Assim como é uma crença equivocada acreditar que o tamanho do pênis interfere no prazer do casal. Mais importante que a anatomia desses órgãos é a maneira de tocá-los. E mais importante ainda é o estado emocional de cada pessoa na hora do sexo: ansiedade e preocupação são dois fatores que influem muito – e de forma negativa – no prazer.

9 *Perco a sensibilidade se demoro muito a gozar. Por quê?*

Se estimulado por um período muito longo, o clitóris entra em processo de amortecimento. Isso faz parte da fisiologia do corpo feminino. Não há como impedir. O ideal é você reverter a situação antes que a perda de sensibilidade ocorra. Quando a estimulação estiver se alongando por muito tempo, sem levá-la ao orgasmo, tente outra coisa: mude o tipo de carícia, troque a posição, estimule outras partes do corpo. Essa pequena pausa é suficiente para que, depois, você retome os toques no clitóris sem que ele se amorteça.

10 *Nas primeiras vezes que me masturbei, tive orgasmos fortíssimos. Agora, não. Por quê?*

A qualidade do orgasmo pode ser a mesma da primeira vez, desde que você tenha o mesmo desejo e a mesma excitação. O que provavelmente está ocorrendo é que a prática sexual está caindo numa rotina pouco prazerosa. Vira uma bola de neve: você tem baixo grau de desejo e de excitação, o que surte um orgasmo fraco. Na próxima vez, o desejo cai mais ainda e a intensidade do orgasmo também. Tente incluir um pouco de criatividade na masturbação: imagine fantasias, assista a filmes eróticos. O prazer só tende a aumentar.

Kit sex shop

Produtos que ajudam a mulher a sentir cada vez mais prazer

Vibrador
Há uma infinidade de modelos. Os mais vendidos são de silicone, em formato de pênis, ou o tradicional foguetinho (veja à direita). As medidas costumam variar de 2,5cm a 3,5cm de diâmetro e de 15cm a 22cm de comprimento. Vibram em várias intensidades. Alguns até aquecem, para imitar a temperatura do pênis.

Massageador
Para estimular o clitóris. Mas pode ser usado pelo corpo todo, para descobrir novos pontos de prazer.
O clássico tem formato de ovo. Uma versão moderna: de silicone em forma de borboleta, com alças de elástico, para ser vestido como calcinha.

11 *Faz mal usar vibrador?*

Não. Desde que você tenha alguns cuidados, como não compartilhá-lo com outras pessoas, para evitar a transmissão de doenças. O ideal é colocar nele uma camisinha lubrificada e jogá-la fora depois do uso. Ao mesmo tempo que reduz o atrito com a pele, evita a transmissão de doenças. Outro cuidado é com o contato violento ou repetitivo demais: pode provocar lesões. Isso você contorna facilmente: ao primeiro sinal de desconforto, pare. Uma dica: use-o com lubrificante à base de água, vendido em farmácias. Isso ameniza o atrito do aparelho com a pele e torna a prática mais prazerosa.

Sugador
Novidade do mercado, o modelo Eros suga o clitóris para que fique mais sensível aos toques.

Anel de silicone
Para ser usado no pênis. De silicone extremamente flexível, tem saliências que estimulam a vagina.

Lubrificante
Para amenizar o atrito do vibrador, massageador ou pênis. Alguns têm sabor de frutas, para sexo oral.

12 *Meu parceiro sente ciúme do vibrador. É errado eu ter um?*

Não é errado. Mas muitos homens têm ciúme dos brinquedos eróticos da mulher. Imaginam que, se ela precisa de um vibrador, é porque eles estão falhando em algum ponto. Ou seja, encaram o aparelho como uma comprovação de que o desempenho deles está abaixo do esperado. A saída para esses casos é explicar que o vibrador é apenas uma forma a mais de prazer. A mulher precisa ter jogo de cintura nessa conversa, pois o homem fica altamente fragilizado quando acha que outra coisa está competindo com o pênis dele. Esclareça tudo com tato. Casais mais desinibidos fazem do vibrador um aliado: o brinquedo é um ingrediente a mais no jogo erótico dos dois.

13 *Não sinto falta de me masturbar. Sou normal?*

Claro que sim. Não é obrigatório que todas as pessoas gostem de se masturbar. O sexo não é feito de regras e padrões de comportamento. Deve-se lembrar, entretanto, que esse é um dos melhores caminhos para conhecer o próprio corpo e, com isso, aprender onde tocar para sentir mais prazer. Verifique se você não se masturba porque não sente desejo ou porque acha uma prática "suja", como muitas pessoas ouvem na infância. Se for a segunda opção, tente rever esse comportamento. A masturbação é extremamente saudável para a vida de qualquer pessoa.

14 *Qual a freqüência ideal de masturbação?*

Varia de pessoa para pessoa. Não há uma freqüência ideal para nenhum tipo de sexo. Cada pessoa tem o seu ritmo e deve respeitá-lo. Você deve ser o próprio modelo para si mesma. Se antes se masturbava mais do que agora – e isso a incomoda –, talvez seja hora de avaliar o porquê dessa baixa de desejo. Caso contrário, não se preocupe. Leve em conta que muitas mulheres diminuem a freqüência de masturbação quando começam um relacionamento novo. Às vezes, até eliminam a prática do repertório sexual. Isso não é certo nem errado. É apenas o ritmo de cada uma.

15 *Tem de parar quando casa?*

Estado civil não tem nada que impeça a masturbação. Encare essa prática como algo saudável que só faz bem para você. Ter um parceiro fixo não significa que você não pode sentir prazer com o próprio corpo. Na verdade, as pessoas viveriam a sexualidade de uma forma mais plena se entendessem que há momentos em que o melhor é o sexo a dois. Em outros, como numa viagem de negócios ou quando se está sozinho, vale a masturbação. Ela serve também para preparar a mulher para a transa, já que muitas vezes o homem se excita mais rapidamente do que ela. O problema é que há muito preconceito em torno dessa prática. A visão negativa deve ser deixada de lado. Use a masturbação sempre que tiver vontade.

16 *Fico inibida de me masturbar na frente dele. Por quê?*

Durante muito tempo a mulher acreditou que deveria apenas dar prazer – e jamais senti-lo. Ela estava ali para servir ao homem e ponto final. Em geral, é por causa dessa crença que ainda hoje muitas mulheres se envergonham da masturbação diante do parceiro. Dê prioridade ao seu prazer. É o primeiro passo para você se soltar.

17 *Se eu me masturbar muito, posso enjoar de sexo com o parceiro?*

Em geral, isso não ocorre. Pelo contrário. Sexo atrai sexo. A pessoa que se masturba com freqüência sente cada vez mais desejo e fica mais predisposta ao sexo com o parceiro. Ou seja, a masturbação só faz bem. O que leva a enjoar do companheiro são outros fatores, como a rotina, a falta de criatividade ou até mesmo dificuldades de relacionamento fora da cama.

18 *Sinto muito mais tesão com o vibrador do que com o parceiro. Por quê?*

O vibrador tem um desempenho muito mais eficaz, por questões óbvias: é um objeto que vibra numa intensidade constante e cujos movimentos você pode controlar totalmente, de acordo com o próprio prazer. Com o parceiro, isso não ocorre. Entretanto, a relação a dois envolve um ingrediente altamente afrodisíaco: a cumplicidade e a troca de energia e de afeto. Não queira comparar o prazer com o vibrador com as sensações que você tem com um homem. Valorize as diferenças, explore-as, aproveite-as, cada uma a seu tempo. O ideal é que estas duas práticas – a masturbação com o vibrador e o sexo com o parceiro – sejam complementares para o prazer. Jamais concorrentes.

19 *Atualmente prefiro me masturbar com um pênis de borracha a me relacionar com qualquer pessoa. Isso pode, futuramente, afetar o meu prazer sexual num relacionamento a dois?*

Você pode buscar o prazer do jeito que quiser e quando desejar. Tenha cuidado, entretanto, para não fazer da masturbação com um brinquedo erótico a única forma de expressão da sua sexualidade. Isso talvez esconda algo maior: o medo de se entregar a uma relação a dois. Não use a masturbação como uma fuga ou uma forma de substituir definitivamente a possibilidade de um envolvimento com outra pessoa. O ideal é encontrar um meio-termo.

20 *Só consigo gozar quando estou sozinha, me masturbando. Como eu faço para ter orgasmo com o parceiro?*

Conseguir ter orgasmo sozinha já é um início. Agora, você só tem de levar para a relação a dois as mesmas técnicas que usa quando está sozinha. Não há mal algum em se masturbar na frente dele. Melhor: com ele. Você pode pedir que ele a toque do jeito que você gosta, ou apenas conduzir a mão dele para seus pontos mais sensíveis. Não se intimide nem fique imaginando que ele não vai gostar. Priorize o seu prazer e retribua com as carícias de que ele mais gosta (desde que você também goste de fazê-las). Depois que chegar ao clímax dessa maneira, tente o toque durante a penetração vaginal. Sexo se aprende devagar. Não tenha pressa. Conquiste seu prazer devagar.

21 *Qual o jeito certo de masturbá-lo?*

Não há regra, mas em geral os homens sentem mais prazer quando a mulher envolve o pênis com todos os dedos e não apenas com o indicador e o polegar. A pressão deve ser firme e constante, com uma intensidade média: nem muito forte, nem muito fraca. Acariciar a virilha, as pernas, a barriga... aumentam a excitação – apesar de o homem ter seu prazer basicamente voltado para o toque no pênis, ao contrário da mulher, que se excita com carícias em vários outros pontos do corpo. Importante: o freio da glande (uma pele que une a cabeça do pênis ao corpo) tem muita sensibilidade, equivalente ao clitóris. É uma área capaz de surtir grande excitação.

22 *E de me masturbar?*

O ideal é não se prender apenas à região vaginal. Deslize as mãos pelo seu corpo todo: seios, barriga, virilha, pernas. Alterne esses toques com as carícias na região da vagina. Nesse ponto, também varie os movimentos: alterne os circulares com os de sobe e desce, e a introdução de um ou mais dedos. Descubra-se e gaste mais tempo onde sentir mais prazer.

23 *Dá para incrementar a prática com algum produto?*

As *sex shops* têm géis que, ao entrar em contato com a pele, aquecem ou resfriam levemente a região. A sensação é bem sutil, mas há quem sinta mais prazer com esse incremento. Os lubrificantes, vendidos em farmácias, também podem ajudar: diminuem o atrito das mãos com o pênis ou a vagina e dão uma sensação prazerosa de deslizamento.

24 *É verdade que meu ginecologista pode perceber, durante os exames de rotina, se me masturbo?*

Nenhum ginecologista, por mais capacitado que seja, é capaz de detectar se a mulher se masturba ou não. Não há como saber, a não ser que você use algum objeto e se machuque. Mas, se ele percebesse, qual seria o problema? A masturbação deve ser parte da vida sexual de qualquer pessoa adulta, de qualquer idade. Portanto, é absolutamente saudável.

25 *Se feita a dois, a masturbação transmite alguma doença?*

Recomenda-se para qualquer prática sexual o uso de camisinha. Mas é praticamente nulo o risco de a masturbação mútua ser fonte de contágio de alguma doença sexualmente transmissível. Uma pessoa sadia só seria infectada se as mãos dela apresentarem lesões, que são portas de entrada para bactérias e vírus no organismo.

AS 25 PRINCIPAIS DÚVIDAS SOBRE SEXO ORAL

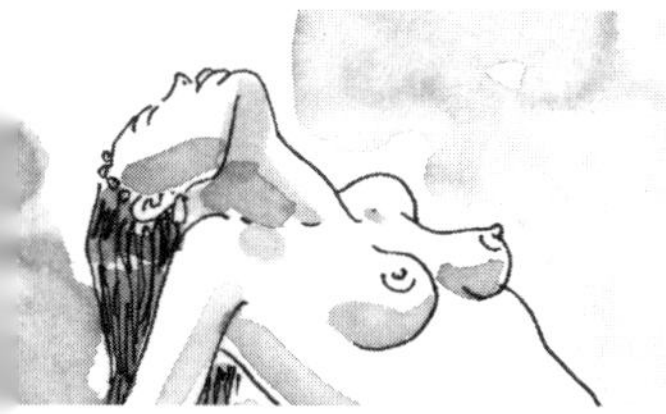

Capítulo **2**

A opinião é quase unânime: sexo oral é o máximo. Agrada a homens e mulheres. A língua e a boca têm a temperatura e a umidade ideais para tornar a carícia muito excitante. Só não pode ter preconceito...

1 *Qual o jeito certo para que eu sinta mais prazer?*

O segredo é intercalar carícias: movimentos circulares, de sobe e desce, leves mordidas, sucções... E não se prender apenas à região vaginal. Outras regiões do corpo podem ser estimuladas ao mesmo tempo – como os seios, a barriga, a parte interna das coxas. Isso pode ser feito com beijos, lambidas, toques suaves ou mais intensos das mãos. Algumas mulheres se excitam com toques ou introdução de dedos no ânus, simultaneamente ao sexo oral. Outra dica é usar géis com aroma e sabor de fruta, vendidos em *sex shops*. Há no mercado diversos produtos à base de água, que não danificam a camisinha feminina. Esse tipo de gel pode ser um convite para o homem caprichar nas carícias orais na parceira. Outro incremento é a camisinha de língua, vendida em *sex shops*. É um produto curioso e engraçado: feito de silicone, envolve a língua e possui saliências para a estimulação clitoriana. Se funciona? Algumas mulheres garantem que sim. Só há um problema: nem todo parceiro consegue se sair muito bem nas carícias quando está usando a camisinha de língua.

2 *E para dar mais prazer ao homem?*

É importante saber que a glande (a cabeça do pênis) e o freio da glande (pele que a une ao corpo do pênis) são as partes mais sensíveis – e também onde os toques devem ser mais suaves. Vale a mesma dica da pergunta anterior. O ideal é variar as carícias: mais intensas, mais suaves, mais rápidas, mais lentas, alguns beijos, algumas leves mordidas. Um alerta: é preciso ter cuidado redobrado com os dentes. Um descuido e um toque mais brusco com os dentes pode quebrar todo o clima. A mulher pode intercalar o sexo oral com a masturbação. Isso costuma ser extremamente excitante. Usar um gel com aroma e sabor de fruta também pode ser interessante: você sente um gosto diferente enquanto está fazendo sexo oral nele. Algumas marcas de camisinha também vêm com aroma e sabor de fruta e com pouco lubrificante: elas foram desenvolvidas justamente para o sexo oral.

3 *Que posição é a melhor para a mulher?*

Para a mulher receber sexo oral, o melhor é se recostar na cama ou no sofá e usar uma almofada embaixo do bumbum para elevar a região vaginal. Assim, fica mais fácil para o parceiro conseguir tocá-la no ponto e na intensidade ideais. Há mulheres que preferem se movimentar durante essa prática. Nesse caso, uma boa posição é aquela em que o parceiro fica deitado na cama e ela se ajoelha, posicionando a vagina sobre o rosto dele.

4 *E quando for a vez de fazer no homem?*

Pode-se escolher qualquer posição. Todas dão bons resultados: tanto faz se ele estiver de pé, sentado, recostado ou ajoelhado. Só há um detalhe a levar em conta: em geral, o homem fica extremamente excitado ao observar o corpo nu da mulher. Isso significa que uma posição que favoreça essa observação durante o sexo oral pode ser altamente afrodisíaca.

5 *Há alguma dica para as carícias orais simultâneas?*

Além das sugeridas nas perguntas 1 e 2, há dicas de posição. A de lado costuma ser a preferida dos casais: ambos deitam em posições invertidas e podem utilizar um travesseiro para apoiar o rosto e mantê-lo na altura ideal. Se um parceiro fica sobre o outro, também na posição invertida, é preciso tomar cuidado para não perder o controle e deixar o peso cair sobre o outro.

6 *Sinto um certo incômodo quando a língua toca o clitóris. Por quê?*

É preciso estar excitada para que o toque da língua no clitóris seja prazeroso. Senão, surte o efeito contrário: incômodo, cócegas e até dor. Se você não estiver estimulada, o sexo não será prazeroso. Nesse caso, o melhor é se aquecer um pouco mais com beijos na boca, nos seios, na virilha... e só depois chegar ao clitóris. Aí ele estará pronto para lhe dar prazer.

7 *Fico inibida quando ele faz em mim. O que eu tenho de errado?*

Assim como muitos homens cresceram ouvindo que a vagina é feia e suja, muitas mulheres tiveram a mesma educação sexual equivocada. Então, não conseguem relaxar na hora do sexo oral. Ficam imaginando se o parceiro está gostando ou não, se o cheiro ou o gosto estão ruins... e não conseguem sentir prazer.

8 *Tenho vergonha de que ele veja minha cara de prazer. Por que eu me sinto assim?*

Isso é fruto de outra crença distorcida da sexualidade: a idéia de que a mulher tem de satisfazer o homem – e nunca o contrário. O resultado é uma mulher pouco à vontade para receber o sexo oral e para demonstrar que está gostando da prática.

9 *Demoro muito a gozar desse jeito. Qual o motivo?*

Em geral, quando a mulher demora para chegar ao orgasmo é porque está ansiosa, tensa e preocupada – e não consegue relaxar e curtir o momento. As causas mais prováveis das preocupações são as citadas nas perguntas anteriores: medo de o parceiro não estar gostando e crença equivocada de que a mulher não pode ser servida na cama, pois tem de servir. Talvez a prática de sexo oral simultâneo seja uma saída para você relaxar um pouco mais. Outra coisa importante: a preocupação de chegar ao clímax só atrapalha. Tire da sua cabeça pensamentos do tipo: "Estou demorando demais" ou "Não sei se vou conseguir". Além de desconcentrar, eles inibem o seu prazer.

10 *Ele só consegue ter ereção com sexo oral. Por quê?*

Com o passar dos anos, as áreas erógenas femininas e masculinas tendem a se concentrar na região dos genitais. O que aos 30 anos dava imenso prazer (carícias nos seios, toques na nuca...) pode ser que não surta o mínimo efeito erótico aos 60 anos. Esse é um aspecto a ser levado em conta. Outro: as carícias orais são eficientes tanto para o homem quanto para a mulher, em qualquer idade. Com o sexo oral, o homem relaxa mais, pois deixa o prazer a cargo da mulher. Isso já não ocorre na penetração: ele precisa da ereção, custe o que custar. Essa obrigatoriedade de desempenho muitas vezes preocupa e angustia, impedindo ou prejudicando a ereção (veja mais sobre ereção nos capítulos 4, sobre penetração vaginal, e 11, sobre dúvidas masculinas). Não dê tanta importância a esse fato. O sexo oral pode ser só o começo da transa.

11 *Ele morre de vontade de ejacular no meu rosto, como ocorre nos filmes pornôs. Pode?*

Qualquer prática realizada por um casal, desde que seja de comum acordo e prazerosa para ambos, é natural. Não há nada de anormal em práticas como a que você descreve, desde que isso dê prazer aos dois. Quando estiver em dúvida se deve ou não topar alguma coisa na cama, leve em conta o seguinte: se não há risco à saúde e se dá prazer, não há com o que se preocupar.

Para usar a camisinha O jeito mais fácil de colocar a feminina:

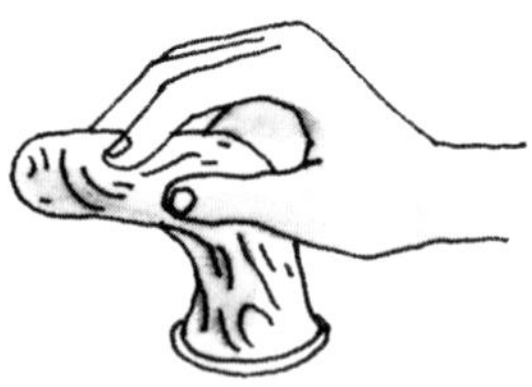

1 *Com o dedo indicador entre o polegar e o dedo médio, aperte o aro do fundo para inseri-lo na vagina.*

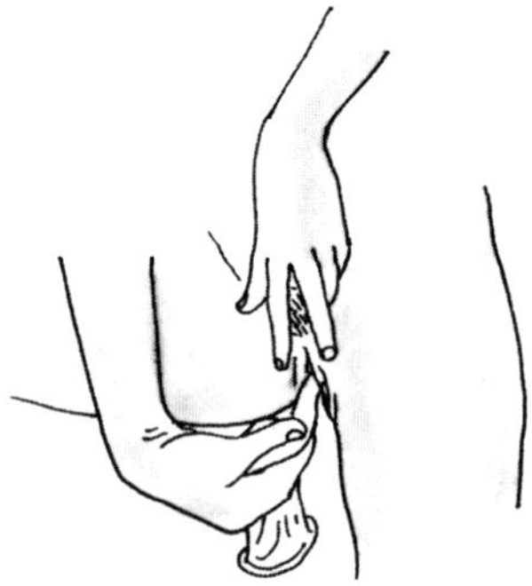

2 *Com a outra mão, separe os lábios vaginais e insira a camisinha comprimida no canal vaginal.*

12 *Faz mal engolir o esperma?*

O líquido espermático é formado basicamente de espermatozóides, açúcares e proteínas. Não contém nenhum elemento que provoque danos à saúde. Visto por esse ângulo, não faz mal algum engoli-lo. Mas é preciso ficar atenta ao seguinte: o esperma é um grande concentrador do vírus da Aids, entre outras doenças. Se o parceiro estiver infectado, há, sim, risco de contaminação. Por isso, recomenda-se o uso de camisinha para o sexo oral, sempre.

Feminina A melhor posição para inseri-la na vagina é ficando de pé e apoiando um dos pés numa cadeira.

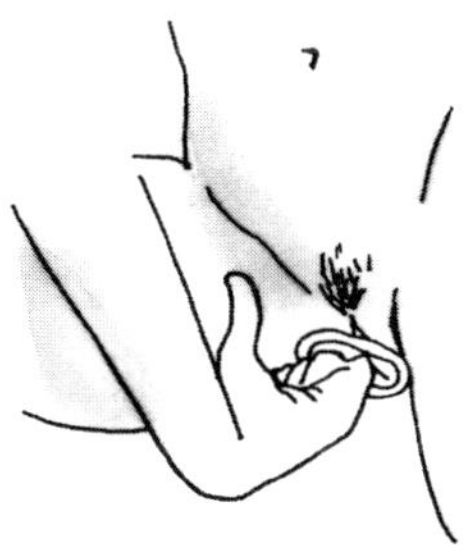

3 *Posicione-a no fundo da vagina, com o dedo indicador. Deixe 2cm da camisinha para fora. Ajuste o anel externo para cobrir os grandes lábios.*

4 *Para retirá-la sem o risco de o esperma vazar, gire a sobra da camisinha e puxe. Dê um nó, enrole em papel higiênico e jogue no lixo.*

13 *A mulher tem de usar camisinha feminina no sexo oral?*

Sim. Mesmo que pareça incômodo, essa é a melhor maneira de prevenir a transmissão de doenças (veja mais informações sobre doenças sexualmente transmissíveis no Capítulo 9). Uma dica: lave a camisinha feminina em água corrente antes do sexo oral para tirar um pouco do lubrificante. É uma maneira de tornar a prática mais agradável.

14 *O homem pode contrair uma infecção na boca?*

Esse tipo de contaminação é muito raro. A saliva tem uma enzima que impede ou dificulta o de-

Para usar a camisinha O jeito mais fácil de colocar a masculina:

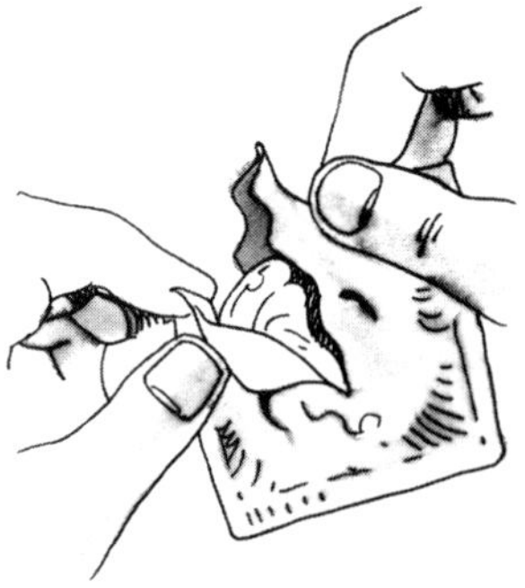

1 *Comece certo: rasgue o pacote com as mãos e não com a boca, pois isso pode danificar o preservativo.*

2 *Antes de colocá-lo, sopre o preservativo para liberar o reservatório de esperma (aquela pontinha da camisinha).*

senvolvimento de microrganismos. De qualquer forma, o ideal você já sabe qual é: camisinha!

15 *É possível passar herpes labial para o pênis ou pegar a doença na vagina?*

Sim. Apesar de o herpes labial ser mais comum na região da boca, têm sido registrados alguns casos em que a doença está localizada nos genitais, tanto masculinos quanto femininos. Ou seja, a transmissão ocorreu pelo sexo oral. Herpes não tem cura (veja mais sobre essa e outras doenças no Capítulo 9). O melhor é se proteger.

Masculina Deve ser colocada assim que o pênis ficar ereto. Dica: deixe-a em local de rápido acesso, para não quebrar o clima.

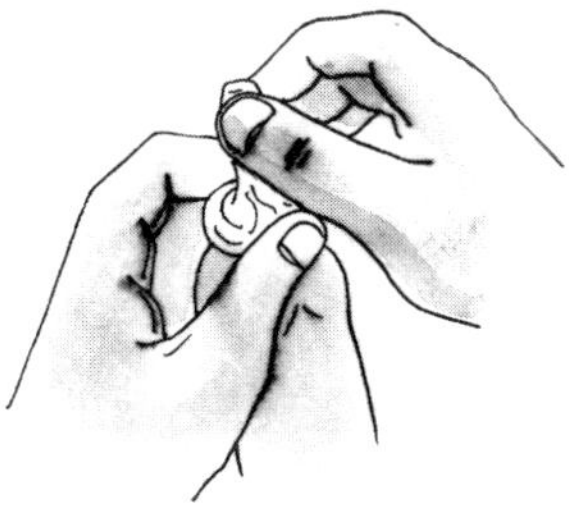

3 *Aperte a ponta do preservativo com o polegar e o indicador, para a retirada do ar. Posicione-o na cabeça do pênis, segurando o bico.*

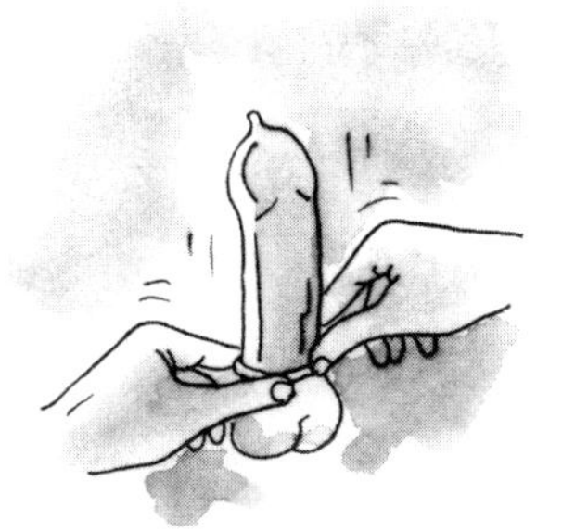

4 *Desenrole-o até a base do órgão. O bico ficará para fora, para reter o esperma. Após a ejaculação, retire o preservativo com o pênis ainda ereto, dê um nó e jogue no lixo.*

16 *Posso beijar na boca depois ou faz mal?*

Mal não faz. Vai do gosto de cada casal e das preferências individuais. Algumas pessoas acham extremamente excitante beijar durante todo o sexo, outras sentem nojo após o sexo oral. Vocês é que têm de encontrar seu estilo.

17 *Dá para fazer sexo oral se eu estiver menstruada?*

É outra prática que depende da preferência de cada um. Uma saída para isso é usar camisinha feminina. Por alguns momentos, ela retém o fluxo da menstruação e permite que o sexo oral seja feito com maior comodidade.

18 *Ele adora que eu faça nele, mas nunca retribui. Será que tem nojo da vagina?*

Talvez. Alguns homens sentem nojo de praticar o sexo oral na mulher, pois aprenderam que a vagina é suja. Essa idéia preconceituosa acaba atrapalhando esse prazer, pois faz com que o homem sinta nojo do gosto e do cheiro da vagina. Para outros homens, no entanto, o odor e até mesmo o sabor dos fluidos vaginais são altamente excitantes. Vale lembrar: camisinha é importante, sempre. Só com isso a mulher e o homem se previnem da transmissão de doenças.

19 *Quero acabar com o cheiro e o gosto da vagina. Tem jeito?*

A melhor maneira de amenizar o gosto da vagina é tomar banho momentos antes da prática sexual. Mesmo assim, não há como impedir que as secreções naturais ocorram. Quanto ao cheiro, algumas mulheres utilizam desodorantes íntimos, vendidos em farmácias. No fundo, o ideal é apenas manter os hábitos básicos de higiene e não se preocupar demais.

20 *Não suporto o cheiro nem o gosto do esperma. Dá para resolver?*

Não dá. O esperma tem um cheiro característico e não há como modificá-lo. Uma dica pode ser a camisinha com aroma e sabor de fruta. Ou até mesmo a comum. Além de amenizarem o cheiro e o gosto, fazem o mais importante de tudo: evitam a transmissão de doenças.

21 *Os grandes lábios da minha vagina são grandes demais. Existe alguma cirurgia que os corrija?*

Existir, existe. Mas não é recomendada. Ocorrem grandes variações anatômicas de formato, coloração e dimensões dos órgãos genitais, sendo todas elas insignificantes para a obtenção do prazer. Não se preocupe com isso. Nem se arrisque a uma cirurgia plástica desnecessária. Como em qualquer processo cirúrgico, há a possibilidade de perder parte da sensibilidade da área, o que pode atrapalhar o seu prazer. Pra que correr esse risco?

22 *Quero depilar toda a região vaginal. Tudo bem ou atrapalha de alguma forma?*

Depilar ou não fica a seu critério. Isso não interfere no seu prazer. E fazer mal à saúde não faz – a não ser pelo incômodo da própria depilação ou do momento em que os pêlos começam a crescer novamente. A finalidade biológica dos pêlos é dar proteção à pele. No caso dos seres humanos, os pêlos púbicos perderam sua função protetora no momento em que se passou a andar de roupa.

23 *Como fica a preferência masculina quanto à depilação?*

As opiniões masculinas se dividem, apesar de os homens estarem mais acostumados a conviver com mulheres que depilam a virilha. Se o seu desejo é agradar o parceiro, o melhor caminho é sempre o mais fácil: em vez de tentar adivinhar, pergunte a ele do que mais gosta.

24 *Se ele engasgar com meus pêlos, o que eu faço?*

Tente descontrair-se e descontraí-lo. Não há muito o que fazer – nem como impedir que isso volte a ocorrer. A situação é hilária. Dar risada pode ser a melhor saída. Vocês quebram o constrangimento e criam um clima mais favorável para a retomada das carícias eróticas.

25 *Ele intercala as carícias vaginais com momentos em que suga os meus seios. Eles podem ficar flácidos?*

Por causa disso, não. O que determina a flacidez das mamas são três fatores: hereditariedade, faixa etária e variações de tamanho (engordar e emagrecer). Relaxe e aproveite os estímulos. O sexo oral fica mais gostoso quando as carícias não se restringem apenas à região pélvica.

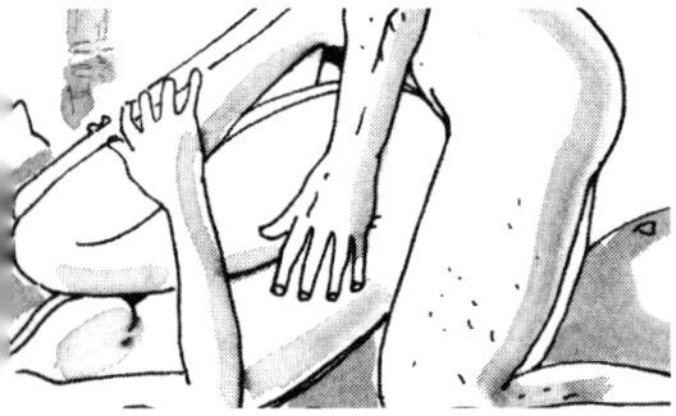

AS 25 PRINCIPAIS DÚVIDAS SOBRE SEXO ANAL

Capítulo **3**

Os homens simplesmente adoram. Vivem pedindo à parceira. E ela? Vive recusando. Afinal, sexo anal é bom ou ruim? Se for feito com uma certa técnica, há quem garanta que é extremamente prazeroso.

1 *Há algum jeito de doer menos?*

Existe uma técnica: em vez de partir direto para a penetração do pênis, você introduz primeiro o dedo. Depois é que vem a penetração. A introdução do dedo faz com que o esfíncter (músculo que circunda a entrada do ânus) se contraia e, nos instantes seguintes, relaxe. Essa é a hora ideal para a penetração peniana ocorrer com mais facilidade e de forma mais prazerosa. Outro fator fundamental: o uso de lubrificante. O ânus não produz uma lubrificação natural, como ocorre com a vagina quando a mulher está excitada. Sem a lubrificação, o atrito do pênis com o órgão causa uma sensação de incômodo e não de prazer. Por isso, é importante usar um gel lubrificante. Dê preferência aos produtos à base de água, pois eles podem ser usados com a camisinha, sem danificá-la. Alguns casais utilizam cremes hidratantes em vez de um lubrificante. Só que isso não surte um efeito muito eficaz: após alguns instantes, o hidratante penetra na pele e não cumpre a função de amenizar o atrito.

2 *Existem produtos que anestesiam o local?*

Se você passar um anestésico no local, supõe que não vai sentir dor na penetração, não é? Mas também não vai sentir prazer. Quer dizer, não vai sentir nada. Então, pra que fazer esse tipo de sexo? Sexo sem prazer não combina. Uma coisa não deve existir sem a outra. Para não sentir dor, há técnicas (veja as perguntas 1 e 3 deste capítulo). Anestésicos são contra-indicados nesse caso. Mas há, sim, à venda nas *sex-shops* alguns géis para sexo oral com doses leves de substâncias anestésicas em sua composição. Os fabricantes desses produtos garantem que anestesiam levemente o ânus, porém as opiniões femininas se dividem: algumas mulheres dizem que sim, outras não.

3 *Qual posição facilita a penetração?*

Uma das mais favoráveis ao relaxamento da musculatura anal é a mulher deitada de barriga para baixo com uma almofada embaixo do ventre, elevando as nádegas. O ideal, entretanto, é você escolher a posição em que se sente mais confortável e relaxada: pode ser os dois deitados de lado ou outra que você preferir.

4 *E qual dá mais tesão?*

Para a mulher, a mais confortável é sempre a que dá mais tesão. Já para o homem há uma posição favorita: a clássica, com a mulher ajoelhada, com as mãos apoiadas na cama ("de quatro", como se diz). Essa é, em geral, a que mais o excita. Essa preferência tem a ver com uma fantasia que envolve o poder: essa posição, para muitos homens, transmite uma excitante sensação de submissão da mulher.

5 *É possível a mulher chegar ao orgasmo com sexo anal?*

Claro que sim. A região anal é cheia de terminações nervosas e muito sensível aos toques eróticos. Qualquer tipo de carícia no ânus pode ser extremamente prazerosa. Mas isso se a pessoa estiver relaxada – fator fundamental para que a penetração não seja dolorosa – e excitada. Aí, pode sim, chegar ao clímax. Veja um breve relato da administradora de empresas Ana, 29 anos, de São Paulo:

"*Não entendo como muitas mulheres se queixam de sexo anal. Eu sinto o maior tesão. Quando não estou com meu parceiro, uso até vibrador no ânus. Sexo anal foi um dos primeiros tipos de sexo que fiz na vida. Na adolescência, morria de medo de perder a virgindade. Então, comecei a fazer sexo anal com meu namorado. Ele também acariciava a minha vagina durante essa transa. Era uma delícia. Sentia um arrepio na nuca, que percorria o meu corpo todo. Eu ficava tão excitada que não sentia dor. Percebi mais tarde que esse é realmente o segredo: estar morrendo de vontade. Aí, dá certo, com certeza.*"

6 *Morro de medo. Como eu faço para relaxar?*

O primeiro passo é verificar se há uma cumplicidade entre o parceiro e você. Ele precisa ir devagar, com calma e paciência. E tem de estar disposto a parar assim que você pedir – caso você desista na metade. Use as técnicas sugeridas nas questões anteriores, em especial a da primeira pergunta deste capítulo. Elas podem ajudá-la a relaxar.

7 *Acho imoral. Será que é mesmo?*

Não. Isso é mito. Sexo anal é alvo de inúmeros preconceitos e de diversas críticas, quase todas sem razão. Muitas mulheres – e também muitos homens – sentem prazer no contato com o ânus, mas isso freqüentemente desperta sentimento de culpa ou a sensação de estar fazendo algo errado. Não é errado. Se você deseja fazer, não há por que sentir culpa ou medo.

8 *É falta de higiene?*

Não. Apenas é preciso ter alguns cuidados para evitar que o pênis transporte para a vagina as bactérias que habitam o ânus. O principal é a troca de preservativo: após o sexo anal, é necessário retirar a camisinha e colocar outra nova caso queiram fazer penetração vaginal. Caso contrário, as bactérias que sobrevivem no ânus sem causar danos à saúde podem provocar infecções sérias após serem transportadas pelo pênis para a vagina. Quem não usa camisinha – o que não é recomendado pelos médicos – não deve fazer sexo vaginal depois do anal.

9 *Faz mal à saúde?*

Não, desde que os cuidados citados na pergunta anterior sejam tomados. Outra questão para se levar em conta: é preciso usar camisinha para evitar doenças sexualmente transmissíveis. Sexo anal é considerado um dos principais meios de contágio (veja o Capítulo 9, sobre doenças sexualmente transmissíveis). Isso porque a prática provoca microcortes, que são portas de entrada para vírus e bactérias. Essas pequenas lesões cicatrizam naturalmente dentro de dois ou três dias.

10 *E se o pênis for muito grande? Causa algum problema?*

Depende do que significa o "muito grande". Os pênis medem, em geral, 14cm de comprimento e 2,5cm de diâmetro. Podem chegar a 18, 20, 22cm de comprimento e 3,5cm de diâmetro. Maior do que isso é raríssimo. Essas medidas não comprometem em nada o sexo anal. O que interfere é a lubrificação adequada, o estado de relaxamento do ânus e a intensidade da penetração. O ânus não é um órgão flexível e elástico como a vagina, mas seus tecidos têm uma certa flexibilidade. Quando relaxado, pode receber o pênis sem danos à saúde. Importante: se a prática for feita de maneira muito violenta, pode provocar desde pequenas lesões na região anal até um problema mais sério, como o rompimento da musculatura. Nesse último caso, deve-se recorrer imediatamente a um médico.

11 *Provoca hemorróidas?*

Não. Isso não passa de outro mito, fruto de uma educação sexual antiga e repressora, que prega que sexo só deve ser feito para reprodução.

12 *E em quem já tem hemorróidas, a penetração anal agrava o problema?*

Depende. A hemorróida é a dilatação de uma veia da região anal. Se o sexo anal for feito no período de inflamação, sem dúvida agravará o quadro, além de provocar muita dor. Em outros momentos, pode ser feito.

13 *Pode desencadear dificuldade para segurar as fezes?*

Não. O ânus é envolto em uma musculatura circular, chamada de esfíncter anal, que tem a mesma capacidade de se distender e de se retrair. Ou seja, ele se abre para o sexo anal e, depois, volta ao normal.

14 *É preciso fazer uma limpeza interna no ânus antes do sexo?*

Não. Isso é lenda de filme pornô. Há atrizes desses filmes que fazem, sim, esse tipo de limpeza. Os motivos justificam: estão ali para representar; vão passar horas encenando; a câmera vai focalizar bem de perto. Fora da tela, no entanto, não há necessidade de uma limpeza interna. Basta higienizar a região como você faz diariamente ao tomar banho.

15 *A penetração anal me dá vontade de fazer xixi. É normal?*

A pressão exercida pelo pênis na bexiga, através do reto, é maior no coito anal, pela própria posição da penetração. Se você tiver urina retida na bexiga, é normal que sinta vontade de urinar quando essa pressão maior ocorre. A solução para isso é simples: esvazie bem a bexiga antes de começar a relação.

16 *Engravida?*

Sexo anal não engravida. O esperma não consegue atingir os ovários tendo como porta de entrada o ânus. Não tem ligação. O esperma só engravida quando entra no corpo pela vagina.

17 *Faz mal ele ejacular no meu ânus?*

Você precisa tomar cuidado com doenças sexualmente transmissíveis. Caso o homem esteja contaminado por alguma delas, seu esperma terá alta concentração de vírus, principalmente se ele for portador de Aids. A dica é: para se prevenir, use camisinha sempre.

18 *Há risco de o preservativo romper?*

Sim. No coito anal não existe a mesma lubrificação que ocorre na penetração vaginal. Como o atrito é maior, é também maior a possibilidade de ruptura do preservativo. A solução para isso é usar lubrificante à base de água, vendido em farmácias. Por ser à base de água, ele não danifica a camisinha e cumpre sua função de facilitar a penetração.

19 *Dá para usar camisinha feminina no sexo anal?*

Não dá, infelizmente. Nessa prática, o homem é que tem de usar a camisinha.

20 *Tenho vergonha dos pêlos no ânus. Depilar faz mal?*

Os pêlos da borda anal, na maioria das vezes, não atrapalham em nada a prática de sexo. Não há por que envergonhar-se dessa característica física. Se sua preocupação é ficar mais atraente aos olhos do parceiro, saiba que são raros os homens que dão importância a pêlos nessa região na hora do sexo. Se a depilação provocar pequenos ferimentos, entretanto, pode ser a porta de entrada para algum vírus. Por isso, camisinha sempre.

21 *Não sei se quero, mas meu parceiro insiste. O que eu faço?*

Fazer algo que não quer só para agradar o parceiro está longe de ser uma boa idéia. Não há como sentir prazer dessa maneira. Se você está em dúvida e tem medo de experimentar, é diferente.

22 *Ele quer tocar meu ânus com a língua. É normal?*

É sim. Trata-se apenas de mais uma maneira de estimular a região anal. Algumas pessoas acham esse tipo de carícia altamente excitante – tanto fazê-la quanto recebê-la. Outros sentem nojo. O segredo para ser feliz na cama é: faça apenas o que dá prazer.

23 *Ele gosta de ser acariciado no ânus. É homossexual?*

Homossexualidade significa sentir atração erótica por pessoa do mesmo sexo – e não o tipo de carícia que se faz na cama. Gostar de toques no ânus não significa necessariamente que o homem é gay. Se ele se relaciona com mulher, sentir prazer com carícias anais não quer dizer que é homossexual.

24 *E se ele usar um vibrador no próprio ânus. É gay?*

Vale o mesmo raciocínio da questão anterior: homossexual é quem tem desejo por pessoa do mesmo sexo – e não apenas quem se excita com um objeto.

25 *Por que os homens pedem tanto para fazer sexo anal?*

Há vários motivos. O principal é a fantasia: eles acham que o ânus é mais apertado do que a vagina – o que pode fazer uma maior pressão no pênis e proporcionar um enorme prazer. Outro fator é a fixação masculina pelo bumbum: os homens adoram admirar essa parte do corpo da mulher. Tocá-la, então, vira um sonho, ainda mais se for para fazer sexo anal. Como parte das mulheres diz não a essa prática, geralmente por preconceito ou por medo de sentir dor, isso atiça ainda mais o imaginário masculino. Quer dizer, o que é proibido desperta cada vez mais o desejo.

AS 50 PRINCIPAIS DÚVIDAS SOBRE PENETRAÇÃO VAGINAL

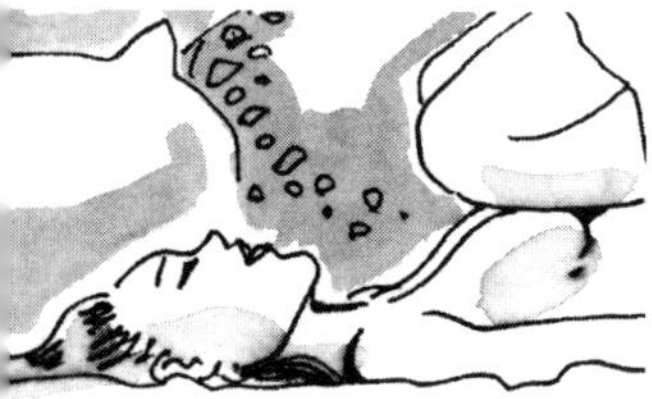

Capítulo **4**

Para muitas pessoas, sexo só é sexo se houver penetração. Não importa se fizerem sexo oral, masturbação ou outros tipos de carícias eróticas. Toda essa valorização do contato do pênis na vagina acaba surtindo altas doses de ansiedade, o que não faz bem. O segredo para ser mais gostoso? Relaxar.

1 *Sinto dor. É sinal de alguma doença?*

Dores na penetração podem ter causas físicas e psicológicas. Para descobrir qual é exatamente o problema, a primeira coisa que a mulher deve fazer é procurar um ginecologista e investigar se alguma doença ou infecção está impedindo o seu prazer. Doenças sexualmente transmissíveis (DST) podem irritar a mucosa que reveste internamente a vagina e provocar uma sensação de desconforto ou de ardência no contato com o pênis. Infecções pélvicas podem provocar a obstrução das glândulas que produzem os fluidos vaginais. Isso faz com que, durante o sexo, a vagina produza menor quantidade de seu lubrificante natural – o que provoca desconforto durante a penetração. Se a dor é profunda, é sinal de que a infecção vaginal atingiu o colo do útero.

Todas as alterações físicas ganham um nome: o problema é chamado de dispareunia. O tratamento é feito com pomadas e, em alguns casos, com medicamentos via oral.

2 *Eu não tenho doença. Por que a penetração dói?*

Nesse caso, o problema se chama vaginismo, que é a contração involuntária da musculatura vaginal na hora do sexo. A intensidade do problema varia: algumas mulheres chegam a fechar totalmente o orifício vaginal, impedindo a entrada do pênis. Outras apresentam uma contração em menor grau: o órgão masculino penetra a vagina, mas com dificuldade. Isso tem fundo psicológico. Na maioria das vezes é resultado de traumas (provocados por estupro, abuso sexual na infância...) ou distúrbios emocionais (medo, ansiedade excessiva etc.). A educação sexual repressora, que prega que sexo é feio e sujo, também contribui para casos de vaginismo. Eles não são raros: estima-se que 10% da população feminina sofra desse problema. Algumas pesquisas recentes comprovam esse dado: das 142 mulheres atendidas de março a outubro de 2000 no Centro de Estudos em Comportamento Humano Persona, um ambulatório de atendimento gratuito em São Paulo, 11% se queixaram de dores na penetração, sendo que 9% sofriam de vaginismo e 2% de dispareunia. O balanço de atendimentos feitos pelo Projeto Sexualidade (Prosex) do Hospital das Clínicas, em São Paulo, traz números semelhantes: 900 mulheres foram atendidas de janeiro a novembro de 2000, sendo 8% com queixas de vaginismo e dispareunia. O tratamento? Alguns medicamentos, que devem ser indicados por um médico, podem até ajudar a relaxar a musculatura. Mas não fazem milagre. O ideal é buscar ajuda psicológica (veja telefones de entidades que oferecem atendimento gratuito no final do livro).

3 *Não dói, mas o pênis também não consegue entrar. Ou entra no máximo 1cm ou 2cm. Por quê?*

Mesmo que você não sinta dor, essa incapacidade de receber o pênis é sinal de vaginismo. Há mulheres que, mesmo altamente excitadas, contraem os músculos da vagina sem perceber. Ou seja, o órgão se fecha – e o pênis não entra. O problema é de fundo emocional e precisa ser tratado com psicoterapia, algumas vezes aliada a medicamentos para relaxamento da musculatura. Outra técnica que tem dado bons resultados é começar a relaxar essa musculatura aos poucos: primeiro introduzindo um dedo, depois dois... até conseguir a penetração peniana. O ideal é a mulher começar sozinha e, antes de tentar o pênis, experimentar introduzir um vibrador. A vantagem é que esses objetos têm tamanhos variados e pode-se começar com um que tenha pequenas dimensões.

4 *Posso ter um defeito na vagina?*

Isso é raro, mas pode ocorrer. Há mulheres que nascem com alguma anomalia, que um ginecologista facilmente detecta. A mais comum é o septo vaginal: a mulher nasce com uma membrana no meio do canal vaginal, que o divide em duas partes. Há casos em que esse septo passa despercebido e não chega a atrapalhar em nada o sexo. Na fase de excitação, quando a vagina se alarga naturalmente para receber o pênis, essa membrana se cola a uma das paredes vaginais, deixando o canal livre. Mas, quando isso não ocorre, a mulher sente dor. O canal vaginal fica dividido ao meio e o pênis é introduzido em um dos lados. Ou seja, num espaço pequeno demais para a penetração. Quem nasce com um tipo de hímen chamado fibroso também pode sentir dor. Esse tipo de hímen não se rompe facilmente como os outros. Em alguns casos, continua intacto após a penetração. Daí vem a dor. Tanto o septo vaginal quanto o hímen fibroso podem ser retirados com cirurgia. A do septo vaginal é mais delicada: feita por um ginecologista, requer de um a dois dias de internação. O pós-operatório dura de duas a três semanas, período em que a mulher não pode ter relação vaginal. Esse é o tempo médio necessário para que a região cicatrize. Já a cirurgia de hímen fibroso é mais simples e feita rapidamente em consultório. Após 24 horas, a mulher já pode manter relações vaginais. Esses casos, no entanto, são raríssimos. Dor na penetração é, na maioria das vezes, de fundo psicológico.

5 *Depois do parto natural a dor melhora?*

Não. Isso é um mito. Se o seu problema é dispareunia, provocada por infecções vaginais, é necessário recorrer a um médico imediatamente, para evitar complicações mais sérias. Se for vaginismo, causado por dificuldades emocionais, é preciso tratamento de psicoterapia especializada para esse tipo de caso. O parto não tem nada a ver com essa história.

6 *Sinto prazer com a penetração, mas nunca consigo chegar ao orgasmo com ela. Qual é o meu problema?*

O fato de não conseguir ter orgasmos vaginais não é necessariamente um problema ou uma disfunção sexual. Só é motivo de preocupação quando a mulher não tem orgasmo de nenhuma outra maneira: nem com a masturbação, nem com o sexo oral... Se você consegue chegar lá de outras formas, não fique angustiada à toa. Isso é relativamente comum: segundo dados da Sociedade Brasileira de Estudos em Sexualidade Humana (SBRASH), cerca de 10% das mulheres sexualmente ativas não chegam ao clímax com a penetração, mas apenas com estimulação clitoriana. Para essas mulheres, atingir o orgasmo durante a penetração pode ser uma questão de técnica: enquanto ela ocorre, é preciso também estimular o clitóris – com a própria mão ou com a mão do parceiro.

7 *Qual posição dá mais tesão à mulher?*

Isso varia de pessoa para pessoa, mas uma boa posição para a mulher é a que permite maior estimulação do clitóris. Como a chamada colher: os dois se deitam de lado, sendo que você fica na frente dele e de costas para o parceiro. Deitar-se sobre o parceiro também pode ser outra opção: dessa forma o próprio movimento dos corpos surte uma leve estimulação clitoriana.

8 *Qual a preferida do homem?*

A melhor posição é aquela que mexe mais com as fantasias dele. Em geral, ele gosta de observar alguma parte do corpo: os seios, o dorso... A posição preferida será a que permitir uma melhor observação. Como descobrir qual é a favorita dele? Experimentando, variando, inovando. Ambos podem se surpreender!

Exercícios vaginais
Para fortalecer a região pélvica e aumentar o prazer.

Técnica de Kegel
Esses cinco exercícios, criados pelo ginecologista Arnold Kegel, fortalecem a musculatura vaginal e permitem que a mulher sinta mais prazer durante a penetração. O homem se beneficia, pois a parceira aprende a massagear o pênis com a vagina, por meio de contrações. Eles também são indicados para mulheres com flacidez pós-parto ou problemas de incontinência urinária.

9 *Tem algum produto que ajuda a sentir mais prazer?*

Géis lubrificantes à base de água facilitam a penetração e fazem com que o pênis deslize na vagina de forma mais prazerosa. Outro ingrediente interessante é uma espécie de luva de silicone: extremamente flexível, é feita para vestir o corpo do pênis, deixando a glande (cabeça) exposta. A luva possui saliências que estimulam as paredes vaginais durante a penetração. Para o homem também é prazeroso, pois produz uma leve pressão no órgão. Usada com um pouco de lubrificante pode surtir um efeito diferente e altamente excitante.

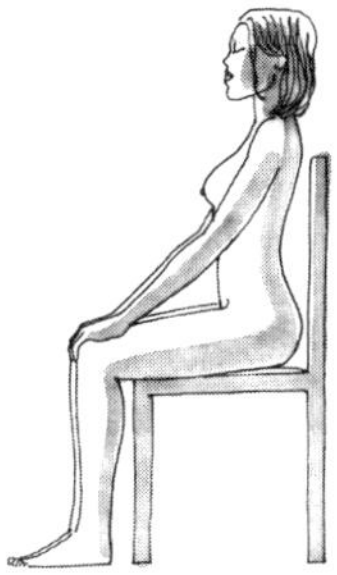

1 Contração vaginal
Sentada numa cadeira, contraia os músculos da vagina como se apertasse algo dentro dela. Conte até três e relaxe. Repita dez vezes. Em seguida, contraia e relaxe a musculatura rapidamente, como se imitasse o ritmo de uma respiração ofegante. Conte até dez.
Total: 20 repetições.

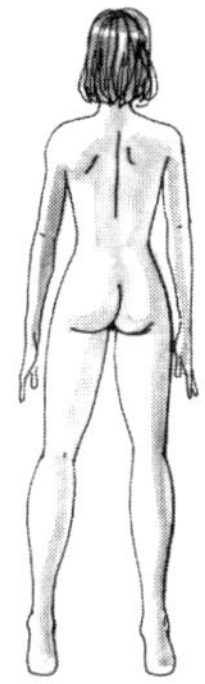

2 Contração de glúteo
De pé, contraia o bumbum. Tente unir as nádegas o máximo que puder. Conte até três e relaxe. Faça dez vezes. Em seguida, contraia e solte o bumbum mais rapidamente, imaginando que acompanha uma respiração ofegante.
Conte dez vezes.
Total: 20 repetições.

3 Bambolê
Com as pernas semiflexionadas, faça movimentos circulares, como se usasse um bambolê. São quatro tempos:
1. A pélvis vai para cima e para a frente; 2. O quadril vai para a esquerda;
3. O bumbum é empinado para trás; 4. O quadril vai para a esquerda.
Total: 10 repetições.

10 *E para dar mais prazer ao outro?*

Há uma técnica que não só dá mais prazer ao homem como faz um incrível bem para a mulher. É o pompoarismo, uma versão incrementada dos exercícios para fortalecimento da região pélvica que os ginecologistas costumam receitar às pacientes com flacidez vaginal pós-parto ou com problemas de incontinência urinária. São exercícios de contração e de relaxamento da musculatura vaginal. Feitos diariamente, dão à mulher mais controle dos movimentos pélvicos na hora do sexo. Durante a penetração, por exemplo, é possível fazer uma pressão no pênis com as paredes vaginais. Isso

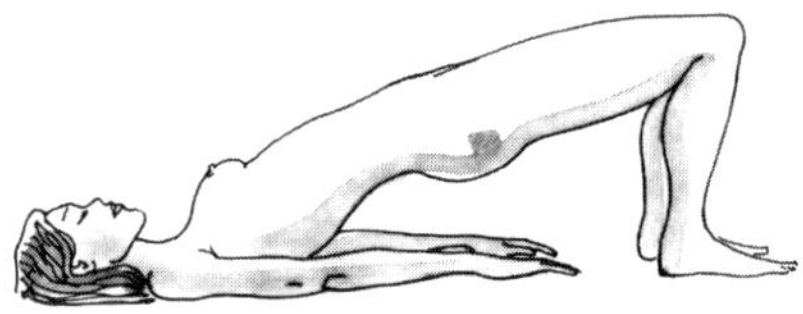

4 Contração Anal
Deitada, flexione as pernas e eleve o quadril. Fique apoiada apenas sobre os ombros e os pés. Contraia o bumbum, conte até três e solte. Faça dez vezes. Relaxe o corpo. Volte à posição inicial e contraia o ânus em três tempos: de leve, mais forte e com toda a intensidade. Faça dez vezes e relaxe. Retome o exercício, só que dessa vez contraia também a vagina, como se quisesse sugar alguma coisa com ela. Faça dez vezes. Total: 30 repetições.

5 Sucção vaginal
Recostada na cama, insira um dos dedos na vagina e aperte-o o máximo que puder. Caso não consiga apertar um dedo, tente com dois. Faça dez vezes. Depois, tente sugar o dedo com a vagina. Ajude com a respiração: inspire e prenda o ar. Conte até três. Faça dez vezes. Total: 20 repetições.

aumenta o prazer do casal. O pompoarismo surgiu há milênios na Índia e ganhou fama com o filme *O Império dos sentidos*, em 1976, com a cena em que uma mulher sugava um ovo com a vagina e depois o expelia (claro que o seu objetivo não precisa ser esse!). Em 1952, o ginecologista americano Arnold Kegel começou a recomendar às mulheres 500 exercícios diários de contração da vagina. Os resultados foram tão positivos que até hoje os médicos indicam a técnica de Kegel. Porém, consideram um exagero o número de repetições e sugerem apenas duas a cinco séries de 20 exercícios diários. Veja a seguir como exercitar a vagina:

Pompoarismo

Técnica milenar oriental. A diferença para os exercícios de Kegel é o uso de bolinhas *ben-wa*, que parecem de pingue-pongue, unidas por um cordão. Ou de vibrador. À venda em *sex-shops*.

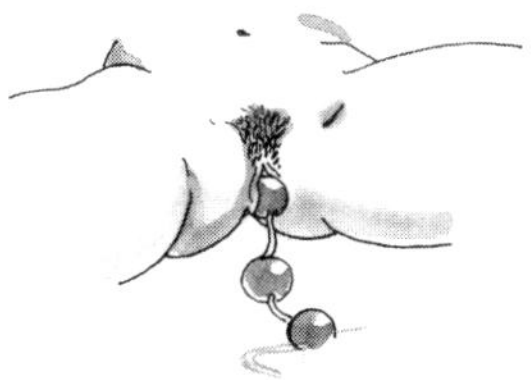

1 Sucção com bolinhas ben-wa
Lubrifique as bolinhas com gel à base de água, vendido em farmácias. Insira uma delas na vagina. Tente sugar a outra, com a vagina. Não é fácil, mas não desista. A tentativa de sucção já é um exercício que dá resultado. Nas primeiras vezes, ajude a inserir a segunda bolinha com o dedo. Repita cinco vezes. Tente expeli-las. No começo, ajude puxando pelo cordão. Faça cinco vezes.

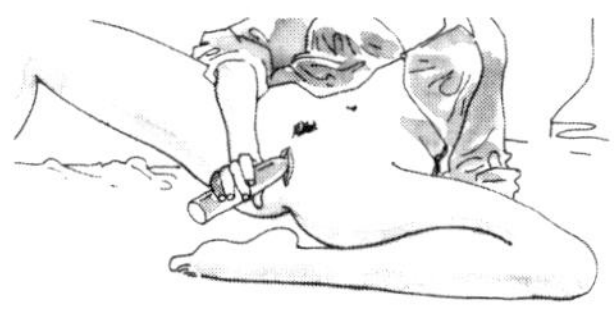

2 Pressão com vibrador
Lubrifique o vibrador. Introduza de 3cm a 5cm na vagina e aperte o vibrador. Solte. Repita dez vezes. Introduza mais um pouco: de 8cm a 10cm no total. Aperte-o com a parte mais interna da vagina. Solte. Faça dez vezes. Agora, aperte-o com o canal todo. Faça dez vezes. Última etapa: coloque a ponta do vibrador na entrada da vagina, tente sugá-lo e, depois, expeli-lo. É difícil conseguir nas primeiras vezes. Não desista. Repita cinco vezes.

11 *As posições do* Kama Sutra *são mesmo o máximo?*

Nem tudo o que se diz a respeito do *Kama Sutra* é lenda, mas há uma certa dose de exagero nessa história. O *Kama Sutra* é um manual que resume a filosofia indiana sobre a arte de amar. Reúne desde posições sexuais (64 ao todo) a técnicas para seduzir, se relacionar com a outra pessoa e manter hábitos de higiene. Ensina também a beijar, a abraçar e a fazer carícias eróticas, como o sexo oral. Algumas posições são exóticas, outras nem tanto. Experimentá-las não é

Idéias orientais
Posições de dois manuais hindus: o pioneiro *Kama Sutra* e o *Ananga Ranga*, escrito mil anos depois, no final do século XV.

Posições do Kama Sutra
Segundo a filosofia indiana, para o sexo ser prazeroso os beijos devem imitar a penetração do pênis na vagina; as unhas podem ser usadas para arranhar levemente os seios e os mamilos; a boca tem papel de destaque quando espalha mordidas pelo corpo inteiro. Tudo isso complementa as posições a seguir:

garantia de uma noite de sexo de perder o fôlego, como se costuma divulgar. Isso depende de muitos outros fatores: conhecer os próprios pontos de prazer, livrar-se da ansiedade e das preocupações quanto ao desempenho, relaxar. De qualquer forma, o *Kama Sutra* pode servir para tirar idéias, estimular a imaginação e quebrar a rotina. Há outros manuais orientais que também são interessantes, como o *Ananga Ranga*, escrito mil anos após o *Kama Sutra*, mas igualmente erótico.

Égua de Kama
A mulher se encaixa em cima do homem sentado, de costas para ele. Pode (e deve!) estimular o clitóris com a mão.

Muito aberta

Deitada embaixo do homem, ela eleva o quadril e contrai o bumbum. Ótimo para ela: o clitóris fica elevado e é massageado pelo corpo do parceiro durante a penetração.

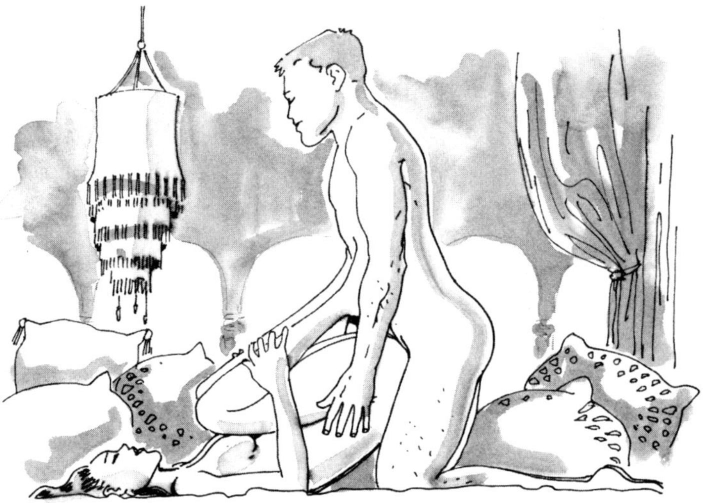

Mulher de Indra

O homem fica ajoelhado. A mulher aproxima as coxas dos seios e apóia o bumbum nas pernas do parceiro. Boa posição para fazer contrações vaginais durante a penetração.

Meia pressão

Ela eleva as pernas e apóia um dos pés no tórax dele. A outra perna fica estendida no ar. É bem exótica. O clitóris é estimulado com os movimentos da penetração.

Reunião apoiada
De pé, o homem pressiona a mulher contra a parede, para que isso sirva de apoio. Ela eleva as duas pernas e ele a segura pela parte posterior das coxas ou pelo bumbum. Dá uma sensação interessante: parece que a mulher se movimenta no ar.

Balanço
Ele se deita de barriga para cima e flexiona as pernas. Ela se ajoelha e se encaixa em cima dele, porém de costas para o parceiro. Boa posição para o homem: ele tem uma visão interessante do corpo da mulher.

Posição abraçada
Os dois se entrelaçam: ela envolve o corpo dele com as coxas; ele faz o mesmo com o dela. Tem ares de malabarismo...

Abraço de joelhos
O homem se ajoelha; a mulher fica apoiada em um dos joelhos. Se quiser, ela pode abraçar a cintura dele com a outra perna.

Posições do Ananga Ranga

É outro manual oriental de amor e sexo. De origem hindu, foi escrito após o *Kama Sutra*. O objetivo era dar sugestões para o casal quebrar a rotina do casamento, fortalecendo, assim, os laços entre os dois. A seguir, quatro posições interessantes:

Posição de lótus
Ele senta com as pernas cruzadas; ela se encaixa em cima dele e envolve a cintura do parceiro com as pernas.

Armadilha da serpente
A mulher senta e se encaixa sobre o homem. As pernas da mulher ficam semiflexionadas. Um segura nos tornozelos do outro. A parceira controla a movimentação.

Postura refinada
Ele fica de joelhos e a parceira, deitada. O homem segura a mulher pelo quadril e eleva a pélvis, controlando a intensidade da penetração.

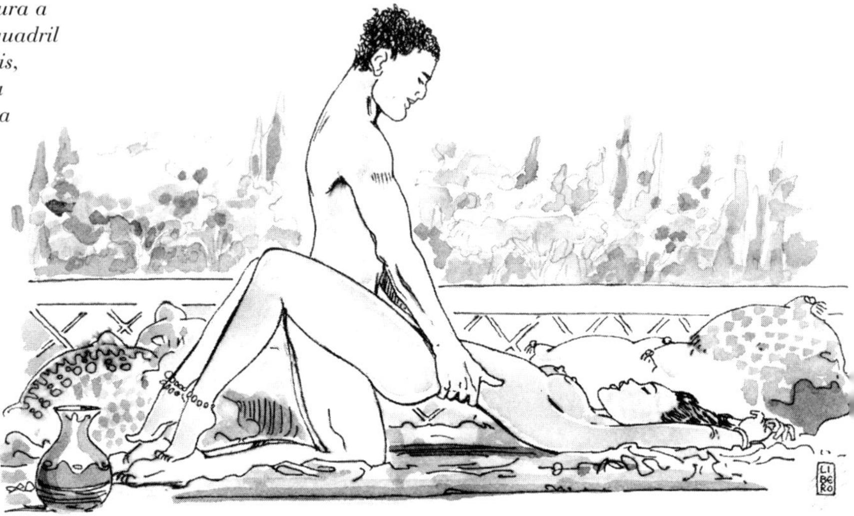

Roda de Kama
O homem se agacha, a mulher eleva as pernas. Nessa posição, a penetração é mais profunda.

12 *Por que eu me distraio na hora?*

Distrair-se é sinal claro de que você não está sentindo prazer ou está deixando que problemas de fora da cama interfiram nela. Deixe as preocupações para depois do sexo. Tente se concentrar nas sensações, nos movimentos. Olhe nos olhos do parceiro, acaricie o corpo dele, se acaricie.

13 *Quantos movimentos são necessários para que eu goze com a penetração?*

Não há um número ideal de movimentos. Tudo depende do seu nível de excitação. Quanto mais estimulada você for antes da penetração, mais prazerosa ela será. Como conseqüência, o orgasmo virá mais rápido e será mais intenso. Ou seja, não comece o sexo logo com a penetração. Antes dela, gaste um tempo maior com outras carícias e técnicas: sexo oral, masturbação, uma massagem erótica... Com esse aquecimento bem-feito, você só tem a ganhar.

14 *O que exatamente ocorre na vagina na hora da transa?*

Ela se alarga e se aprofunda, dobrando de tamanho, para receber o pênis. Na parte mais externa da vagina, ela fica mais almofadada, enquanto que os dois terços mais próximos do fundo (perto do útero) se dilatam. Ocorre também uma lubrificação natural, ao mesmo tempo em que os grandes lábios se incham e ficam mais avermelhados. O clitóris também se modifica: num primeiro momento, ele fica tumefeito, ou seja, enrijecido. À medida que a excitação cresce, ele vai se recobrindo pelo tecido da própria região onde está localizado. Nessa hora, a vulva inteira se incha. Importante: todas essas modificações são desencadeadas pela excitação. Se a mulher não estiver estimulada, o corpo dela não se prepara para o sexo. Aí, nenhum toque é prazeroso – muito menos a penetração.

15 *E no pênis?*

Ele se enche de sangue. A ereção é isso: o órgão cheio de sangue. Isso ocorre em etapas: ao primeiro sinal de estimulação, a musculatura peniana relaxa, permitindo a entrada em maior quantidade do fluxo sangüíneo. Em seguida, se contrai, retendo esse sangue dentro do corpo do pênis. A glande (cabeça) se descobre e fica também levemente tumefeita (enrijecida). Porém, é a parte mais macia do órgão. A finalidade é funcionar como um amortecedor na hora do sexo, para não machucar a vagina caso a penetração seja profunda.

16 *O tamanho do pênis faz diferença para o meu prazer?*

Não. Isso é um mito. O que faz diferença é o relaxamento, a excitação, a ansiedade, o medo. Ou seja, os fatores psicológicos são os que mais influem. Quanto aos físicos, mais importante é saber como e onde tocar para sentir prazer. Os homens se preocupam demais com o tamanho do pênis, pois acham que isso é que dá tesão à mulher. Querem um pênis grande, comprido – e vivem medindo o pênis para ver se o comprimento está OK. Estão enganados. Se for para levar em conta alguma medida, deve-se priorizar a circunferência e não o comprimento: se for mais largo, melhor.

17 *Até que tamanho de pênis pode entrar na vagina?*

A vagina na situação de repouso mede de 8cm a 10cm de extensão. Quando a mulher se excita, a vagina se alonga até 16cm ou mais. Como sempre existe uma parte do pênis que fica para fora da vagina, afastada pelos grandes e pequenos lábios, pode-se dizer que a vagina é perfeitamente capaz de receber um pênis de 22cm ou mais.

18 *É verdade que mulheres pequenas têm a vagina menor?*

Nem sempre. Essa variação pode ocorrer sim, mas é mínima.

19 *Até que profundidade a penetração pode ir sem me machucar?*

Depende de cada mulher. Você é que tem de dosar a profundidade. Há mulheres que se excitam quando o pênis toca o fundo da vagina.

Outras têm uma sensação de incômodo. Ao primeiro sinal de dor, mude a posição ou reduza a intensidade do ato. Vá apenas até o seu limite de prazer.

20 *Dependendo da posição, o pênis incomoda. Como quando estou por cima. Por quê?*

A penetração é mais profunda na posição em que a mulher fica por cima do homem. Talvez seja isso que a incomoda. Mas vale lembrar que qualquer dor pode ser indício de um problema ginecológico mais sério, como uma infecção, por exemplo. Procure um ginecologista para se certificar se esse é o problema ou não. Descartada essa hipótese, o que você tem a fazer é priorizar as posições em que a penetração não é tão profunda, como vocês de frente um para o outro, porém ele por cima (a chamada papai-e-mamãe), ou ambos deitados de lado, você na frente e de costas para ele (a chamada colher).

21 *O número de relações sexuais torna a vagina mais larga?*

Não, o uso não alarga a vagina. A vagina está longe de ser um tubo de medidas invariáveis. É um órgão extremamente elástico. Ela se adapta perfeitamente às dimensões do pênis, quaisquer que sejam elas. Terminada a relação, ela tem a capacidade de voltar exatamente às dimensões anteriores.

22 *Minha vagina está larga. Tem jeito de resolver o problema?*

Claro que tem. Os exercícios de Kegel e de pompoarismo, sugeridos na pergunta número 10 deste capítulo, são uma boa opção. Os músculos que sustentam a vagina podem apresentar uma certa flacidez após sucessivos partos ou em mulheres que já passaram pela menopausa. Ao exercitar a região, recupera-se a elasticidade. A sensibilidade também aumenta: você passa a perceber melhor alguns toques que antes não sentia com tanta intensidade. Isso pode ser extremamente prazeroso. Se o caso for mais sério, como o rompimento da musculatura vaginal em decorrência de parto ou de ato violento, é necessário submeter-se a uma cirurgia.

23 *Sai um ar da minha vagina quando estou transando. O que é isso?*

São gases vaginais. Isso pode ocorrer dependendo da posição em que você estiver na hora da penetração. Eles não têm cheiro, apenas provocam um barulho que, algumas vezes, é constrangedor. A saída é mudar de posição. Porém, se esses gases vaginais apresentarem um odor desagradável, é sinal de que há uma infecção. Nesse caso, você terá de recorrer a um médico, para tratá-la o quanto antes.

24 *Eu chego a molhar o colchão de tanta lubrificação vaginal. Há alguma maneira de reduzi-la?*

Você está preocupada à toa. Por mais intensa que seja a lubrificação, isso não é negativo. Significa que seu corpo reage maravilhosamente bem aos estímulos. Lubrificar-se facilmente só traz vantagens, pois facilita a penetração do pênis e torna o atrito do órgão com a vagina muito mais prazeroso.

25 *Perdi a lubrificação vaginal. Estou perdendo o pique?*

Menor lubrificação vaginal pode ser indício de que você tem ficado menos excitada. Renove, seja criativa, lembre-se de como era seu comportamento no começo da relação. Mas isso também pode ser causado por fatores orgânicos, como uma infecção vaginal. Procure um médico. Essa é a melhor maneira de ter um diagnóstico preciso – e de tratar o problema.

26 *O pênis dele não lubrifica. Qual o problema?*

Pênis nenhum lubrifica. O órgão que promove a lubrificação necessária para a penetração é a vagina. Se a lubrificação vaginal for insuficiente, é possível utilizar lubrificante à base de água, que é vendido em farmácias. Esse produto é útil também para o sexo anal. Há no mercado camisinhas com lubrificante, que favorecem a penetração. A camisinha feminina é outra opção (veja como usá-la no Capítulo 2, sobre sexo oral).

27 *Posso usar creme de massagem como lubrificante?*

Há dois inconvenientes em usar um produto que não é específico para a prática sexual: o creme pode penetrar na pele e perder sua função lubrificante; a camisinha pode ser danificada pelo produto. Opte por géis à base de água. Eles estão à venda em qualquer farmácia. O sexo será melhor com isso.

28 *O pênis dele é curvado para o lado. Isso é normal?*

A curvatura acentuada do pênis é chamada de Síndrome de Peyronie. Ela se caracteriza pela formação de uma espécie de calo na membrana que reveste o corpo cavernoso do pênis. O tratamento deve ser feito com medicamentos prescritos por um urologista ou até mesmo com cirurgia. Se o encurvamento não for muito acentuado e não provocar dor, é possível conviver com ele e ter uma vida sexual satisfatória. De qualquer modo, o melhor é procurar um médico para uma avaliação detalhada do problema.

29 *Tem alguma posição para que ele não sinta dor?*

Todos os pênis, mesmo os curvados, são flexíveis. Com isso, podem virar para todas as direções e se ajustar às mais variadas posições sexuais. Vocês vão ter de experimentar para descobrir quais as mais indicadas para ele não sentir dor. Encare isso pelo lado positivo: a busca de novas e criativas posições pode ser um jogo erótico altamente excitante e envolvente para vocês dois.

30 *Se ele broxar, o que eu faço?*

Dizer coisas do tipo "isso acontece" nem sempre é uma boa opção. Claro que o clima quebra. Mas o ideal é tentar estimulá-lo de outras formas, diferentes da que vocês estavam utilizando naquele momento. Por exemplo, se ele perdeu a ereção com a masturbação, tente o sexo oral. Mas sem fazer comentários, pois eles são fatais. Se não tiver saída, o melhor é não fazer da situação um drama. Senão isso agrava ainda mais o problema, pois aumenta as chances de ele se repetir. Se a situação se tornar freqüente, o ideal é recorrer a um urologista, de preferência algum que seja especializado em terapia sexual.

31 *O que provoca a perda de ereção?*

Há fatores físicos e psicológicos. O lado emocional conta muito na hora da transa. Se o homem estiver tenso, preocupado e ansioso quanto ao desempenho, é maior o risco de ele não ter ou perder a ereção. Já os fatores físicos estão associados a problemas cardíacos, doenças como diabete e hipertensão. Estresse também atrapalha. Provoca uma descarga de adrenalina no organismo que interfere diretamente no mecanismo da ereção. Essa adrenalina dilata os vasos sanguíneos, o que provoca a flacidez do pênis: o órgão não consegue reter o sangue necessário para que fique ereto.

32 *O pênis fica flácido no meio da penetração. A culpa é minha?*

Perder a ereção tem mais a ver com preocupações que estão dentro da cabeça do homem do que com a parceira que está ao seu lado. A mulher está envolvida de uma certa forma, mas não é a responsável direta. Nem mesmo se o parceiro sofrer a chamada angústia de desempenho – a insegurança que dá ao ir para a cama pela primeira vez com uma mulher. Esse problema não é culpa dela. É algo que envolve os sentimentos dele – e é ele que terá de aprender a solucioná-lo.

33 *Pode ser falta de interesse em mim?*

Talvez. Se ele tiver ereção com outros estímulos – um filme erótico, por exemplo –, pode ser que esteja faltando desejo na relação com você. Não se desespere nem se torture. Diversos casais enfrentam períodos de baixa de desejo. O que não pode ocorrer é se acomodar e deixar pra lá. Para reacender o desejo, tente mudar de cenário, buscar práticas sexuais excitantes, satisfazer fantasias, enfim, sair da rotina. Isso pode ser uma ótima experiência.

34 *Dá para introduzir o pênis meio mole?*

Não é impossível. É preciso contar com a ajuda dos dedos: é só segurar o pênis de maneira que dê para introduzi-lo junto com um ou dois dedos. Nesse caso, a mulher deve usar movimentos vaginais de contração e sucção para estimular o pênis e ser estimulada.

35 *Se ele gozar na primeira penetração, quanto tempo precisa esperar para ter outra ereção e continuar a transa?*

Esse tempo varia de homem para homem e oscila também conforme a idade. Chama-se período refratário: é um momento após o orgasmo em que o corpo masculino não responde aos estímulos eróticos. Em adolescentes e homens bem jovens, até cerca de 25 anos, a fase refratária costuma ser bem breve – de 10 a 15 minutos. Homens na faixa de 30 a 40 anos demoram de meia hora a uma hora. Após os 50, esse período pode dobrar. Em idosos com mais de 70 anos, chega a levar de um a três dias. Importante: fase refratária não significa baixa de desejo. Esse período de repouso é uma reação natural do organismo. A libido pode continuar intensa. A única coisa é que o corpo exige uma breve pausa.

36 *A penetração faz com que ele ejacule em instantes. Dá para retardá-la?*

Se o problema do seu parceiro for ejaculação precoce, o ideal é recorrer a uma terapia sexual. Essa disfunção é de fundo psicológico e um tratamento especializado surte ótimos resultados. Uma das técnicas recomendadas pelos terapeutas, no entanto, é bem simples e você pode até tentar em casa. É a seguinte: quando ele estiver próximo ao orgasmo, é preciso dar uma pausa de instantes. Nessa hora, o ideal é desviar a atenção do ato, respirando profunda e pausadamente e fazendo uma contagem da respiração. Quando ele sentir maior controle, pode retomar os movimentos da penetração. Isso costuma funcionar. Outra maneira é pressionar o períneo, que é um ponto localizado entre o ânus e os testículos. Una os três dedos mais longos da mão e faça uma pressão média. Isso reduz momentaneamente a excitação, ajudando-o a retardar a ejaculação. Porém, o casal precisa estar bem sintonizado, para que o parceiro consiga avisá-la a tempo. Importante: veja exercícios para controle da ejaculação no Capítulo 11, sobre dúvidas masculinas.

37 *Corro para o chuveiro depois do sexo e jogo um esguicho de água dentro da vagina. É perigoso para a saúde manter o sêmen no meu corpo ou estou sendo neurótica?*

Essa atitude não revela uma neurose, mas uma visão distorcida da sexualidade: você encara o sêmen como sujeira. Não há qualquer risco à saúde na manutenção do sêmen na vagina, desde que seu parceiro não esteja contaminado por alguma doença sexualmente transmissível. Não exagere na dose de lavagens internas. O excesso pode remover os fatores de defesa que fazem parte da flora vaginal, abrindo caminho para o surgimento de infecções.

38 *Sinto vontade de fazer xixi. Por quê?*

Os movimentos decorrentes do ato sexual podem causar uma pressão na bexiga e desencadear a vontade de urinar. As contrações que acompanham o orgasmo podem provocar o mesmo efeito. Isso é absolutamente normal. Ocorre quando a bexiga está cheia. A solução é procurar urinar momentos antes da relação sexual.

39 *Tenho sangramento depois do sexo. Por quê?*

O mais provável é que você esteja começando a penetração sem se sentir suficientemente excitada. Isso faz com que a vagina não lubrifique o suficiente, levando ao aumento do atrito do pênis com o órgão e a um conseqüente sangramento. Em alguns casos, o toque da ponta do pênis no fundo da vagina provoca contrações uterinas, dando uma sensação de cólica e desencadeando um sangramento. Também pode ser sinal de algum cisto vaginal. Experimente se excitar um pouco mais antes da penetração. Caso o problema persista, procure um médico.

40 *Endometriose pode dar problemas na penetração?*

Sim. É possível que a endometriose provoque dores na hora do sexo vaginal (veja mais sobre endometriose no Capítulo 9). A doença se caracteriza pelo aparecimento de células da parte interna do útero (o endométrio) em outras áreas do corpo, como na camada interna da vagina. Essas células podem dar origem a cistos, com restos de sangue menstrual. Isso pode desencadear dor na penetração. A saída é a retirada dos cistos, por meio de cirurgia. Em alguns casos, o uso de medicamentos via oral, prescritos pelo ginecologista, pode ser suficiente para tratar o problema.

41 *Absorvente interno tira a virgindade?*

A vagina é parcialmente fechada por uma membrana, o hímen, que é uma dobra de mucosa (o tecido que a reveste internamente). Esse fechamento é parcial – há sempre um orifício ou várias miniperfurações, para o escoamento do sangue menstrual. Essa abertura varia de mulher para mulher, mas na maioria dos casos permite a passagem do absorvente interno sem que o hímen se rompa. O ideal é procurar um ginecologista para se certificar de que a abertura do hímen é suficiente tanto para inserir quanto para retirar o absorvente interno sem que a membrana se rompa.

42 *E se eu introduzir o dedo?*

Vale o mesmo da pergunta anterior. Dependendo do tipo de hímen, é possível, sim, introduzir o dedo na vagina sem que ele se rompa. Porém, os movimentos do dedo podem provocar esse rompimento.

43 *Já transei algumas vezes, mas parece que o hímen não se rompeu. É possível?*

Sim. Há um tipo de hímen que não se rompe durante a penetração. É chamado de complacente. O hímen é uma membrana que possui uma pequena perfuração circular no centro. Isso na maioria dos casos. Em algumas mulheres (cerca de 10%), essa abertura é maior e a membrana é mais elástica, o que permite que seja dilatado durante a penetração sem se romper.

Tipos de hímen

Os formatos e a elasticidade variam. Alguns tipos se rompem mais facilmente do que outros.

Sem orifício ou imperfurado
Considerado um tipo problemático, que exige tratamento. É preciso fazer uma cirurgia para abrir um orifício, senão o sangue menstrual não tem por onde escoar.

Orifício central
É o mais comum. O formato do orifício pode variar: ser semelhante a um anel (chamado anular), meia-lua (semilunar) ou fenda (labiado). Esses tipos são facilmente rompidos.

44 *Não senti dor na primeira vez. Continuo virgem?*

Não é o fato de ter sentido ou não dor que determina se você continua ou não virgem. Muito menos o sangramento. Há mulheres que não sangram nem sentem dor.

45 *Sou virgem. Tem alguma dica para a primeira transa não ser dolorida?*

Não se preocupar demais com o desempenho e tentar ficar o mais relaxada possível na hora da transa. Um banho morno demorado pode ajudar. Uma massagem a dois também: isso tira o foco da relação sexual enquanto vocês começam a despertar, lentamente, todo o corpo para o prazer.

Complacente
É um hímen com um orifício central grande e que não se rompe durante a penetração. Isso porque é muito mais elástico do que os outros: ele se dilata, permitindo a introdução do pênis.

Cribriforme
Tem vários orifícios. Ele se rompe com facilidade durante a penetração.

Biperfurado
Dois orifícios separados por uma membrana. Esse tipo se rompe facilmente.

46 *Quais os prejuízos físicos para a mulher que inicia a vida sexual muito tarde?*

Nenhum. A manutenção da castidade, desde que seja uma escolha consciente e racional, não traz qualquer prejuízo físico, nem para homens nem para mulheres. Em situações onde a falta de iniciação sexual não é uma escolha da mulher, mas sim uma imposição social, cultural ou familiar, pode haver danos emocionais.

47 *Se eu parar de transar por algum tempo, a vagina fecha?*

Não. Você pode ter a sensação de que ela está mais apertada. Mas isso pode ser provocado também por uma certa tensão, que acaba levando a uma contração dos músculos vaginais. Relaxe que tudo dá certo.

48 *Transar todo dia faz mal para o corpo da mulher?*

Não. Pelo contrário. O sexo favorece a irrigação dos genitais, melhorando o tônus muscular e ajudando a manter a região pélvica em excelente estado.

49 *Usar preservativo tira ou não a sensibilidade do pênis?*

O látex do preservativo é extremamente fino. Ou seja, forma apenas uma película protetora, que praticamente não interfere na sensibilidade. Mas tem homem que acha que atrapalha. Isso é mais fruto da imaginação – ou uma desculpa para evitar a camisinha.

50 *É melhor usar a camisinha feminina?*

Depende do gosto de cada casal. Há os que se adaptam com um método, outros com o outro. Um ponto a favor da camisinha feminina é a alta dosagem de lubrificante, que facilita ainda mais a penetração. Mas ela protege apenas o canal vaginal e cerca de 2cm ao redor das bordas da vagina. Já o preservativo masculino evita o contato das secreções do pênis com qualquer outro ponto da região pélvica. Tem também a vantagem de ser o único método disponível para a penetração anal.

AS 50 PRINCIPAIS DÚVIDAS SOBRE DESEJO E FREQÜÊNCIA SEXUAL

Capítulo **5**

Sexo três vezes na semana ou todo dia? Ou apenas no final de semana? No fundo, não há regra. Depende de você. Mas uma coisa é certa: o desejo só vem se você se empenhar para estimulá-lo.

1 *Qual é a freqüência sexual ideal?*

É uma grande bobagem essa história de que existe uma freqüência ideal. Não há. Depende de cada pessoa, de cada casal. O importante é saber se a freqüência é adequada para ambos, isto é, se o casal está satisfeito com ela. A atenção deve ser voltada para a qualidade da transa – e não para quantas vezes ela ocorre.

2 *Perdi o desejo de uma hora para outra. Qual o motivo?*

As causas mais freqüentes são psicológicas, como estresse, ansiedade, insegurança quanto ao desempenho sexual (medo de não atingir o orgasmo ou frustração por nunca chegar lá) ou a influência de problemas e preocupações que ocorrem fora da cama. Depressão, baixa auto-estima e situações de perda (de emprego, de alguém querido) também provocam queda na libido. A falta de sintonia sexual entre o casal é outro inibidor de desejo. Ocorre assim: um quer e insiste, o outro não quer naquela hora e se irrita; com isso, o sexo vai perdendo a qualidade e desestimulando os parceiros para as próximas relações.

3 *Pode ser um problema físico?*

É possível, sim, que algum fator orgânico provoque a queda da libido, como um distúrbio hormonal. O mais comum, entretanto, é que a ocorrência de um problema físico, como uma doença sexualmente transmissível, provoque um certo desconforto na hora da transa. Muitas vezes, isso gera desconforto na relação e, em conseqüência, inibe o desejo.

4 *Tenho preguiça de começar. Por quê?*

Isso é comum em gente que vai para a cama na hora em que está morrendo de sono. Algumas mudanças de hábito podem ajudar, como deitar meia hora mais cedo. Parece simples demais? Mas é simples mesmo. Sentir desejo tem a ver com o fato de se preparar para o sexo – e não deixá-lo como a última opção.

5 *Minha vida é corrida e fico cansada demais para o sexo. O que eu faço?*

Excesso de trabalho e de compromissos podem ser fatais ao interesse sexual. Como lidar com isso? Separando, a qualquer custo, alguns momentos para relaxar sozinha e a dois. E para se divertir: um jantar entre amigos pode ser uma boa ocasião para flertar com o próprio parceiro. Não tem problema se você é casada com ele. Esse clima de namoro e de sedução atiça o desejo. Escolher programas divertidos também é ótimo: você relaxa, dá risadas e volta para casa mais eufórica – e mais predisposta ao sexo.

6 *Será que só eu não tenho vontade? E as outras mulheres? Como é com elas?*

Segundo estimativas recentes da Sociedade Brasileira de Estudos em Sexualidade Humana, 20% a 30% das mulheres sofrem inibição do desejo. Isso, na maioria das vezes, provoca queda na freqüência sexual. Pode virar uma bola de neve: a pessoa não tem desejo, faz sexo sem muita vontade e se frustra, pois a relação acaba não sendo prazerosa. Isso baixa ainda mais a libido. Veja o depoimento da carioca Priscila, 31 anos, publicitária: "*Não sei direito quando meu desejo foi indo embora. De repente, percebi que não transava mais com o meu marido. A gente até se divertia junto: saía para jantar, assistir a um filme no cinema... Mas quando voltava para casa, ia direto para a cama – dormir! Eu me acostumei com essa rotina. E o problema cresceu. Perdi o jeito de chegar ao orgasmo. Nas poucas vezes em que eu transava, não conseguia. Isso foi me angustiando. Abalou a minha auto-estima. Comecei a achar que a minha vida era um lixo, em todos os sentidos. Fui fazer terapia. Desse consultório, pulei para outro, de um terapeuta se-*

xual. Descobri que sexo é treino. Se você pára muito tempo, desaprende um pouco. E deixa de fazer coisas que despertam o interesse para a transa, como tomar aquele banho com o companheiro, brincar de mexer no pênis dele... Ainda bem que dá para contornar a situação. Descobri que a gente pode virar esse jogo. É só se empenhar."

7 *Tem tratamento?*

Há uma técnica sugerida em terapia sexual. É a autofocagem: fique nua diante do espelho e observe seu corpo. Não é para observar se está mais gorda ou mais magra, mas sim para admirar os pontos positivos. Use o tato para sentir os seios, a barriga, as coxas, o bumbum, a virilha. Deslize suas mãos por essas partes. Se preferir, faça isso com um óleo de massagem. O próximo passo é se prender aos genitais: use um gel lubrificante e toque a vagina, o ânus, o clitóris. Pressione, deslize as mãos, acaricie. Continue a masturbação recostada na cama ou de frente para o espelho. Isso é extremamente prazeroso. E prazer atrai prazer. Ou seja, é um bom começo para despertar o interesse para uma próxima vez – sozinha ou com o parceiro. Importante: disfunção sexual dá mais resultado quando tratada com o auxílio psicológico de um terapeuta.

8 *Eu sinto desejo, mas quero mais. Tem uma técnica exótica para atiçá-lo?*

Uma que dá um bom resultado é a massagem tailandesa: feita corpo a corpo. Ou seja, você não usa só as mãos para tocar o parceiro e vice-versa. Utiliza também os seios, a barriga, as coxas, os cabelos... enfim, todo o corpo. Essa técnica veio do Oriente e é sucesso no Brasil em casas de massagem voltadas para o sexo pago. Fazendo uma adaptação aqui, outra ali, se torna uma boa opção para os casais. Veja o passo a passo.

Vocês usam todo o corpo para massagear um ao outro. Essa técnica é um aquecimento para o sexo. O final? Vocês escolhem: sexo oral, masturbação mútua, penetração... ou o que der vontade de fazer.

Massagem erótica tailandesa

O corpo todo é usado para massagear um ao outro. Essa técnica é um aquecimento para o sexo.

1 Ele se deita de costas e você massageia: faça movimentos rápidos e circulares nas costas, braços, nádegas e parte posterior das pernas.

***2** Provoque arrepios: deslize as pontas dos dedos ou os cabelos pelas costas dele.*

***3** É hora de usar os seios: ajoelhe-se em cima dele e massageie costas e bumbum.*

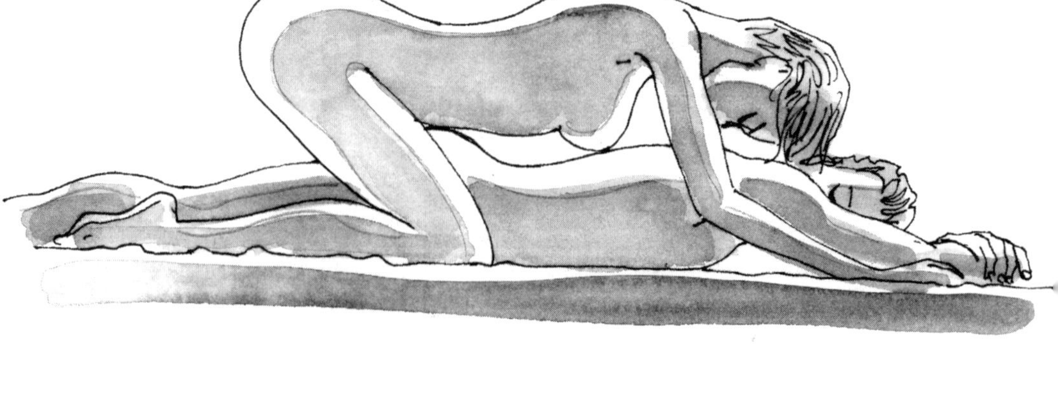

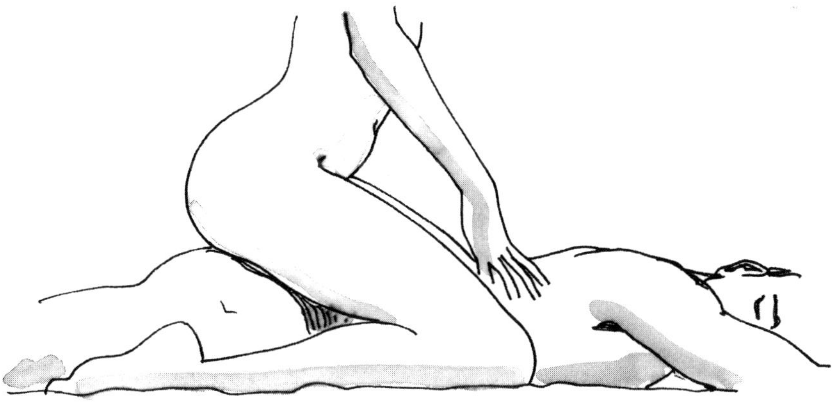

***4** Acaricie as costas, o bumbum e a parte posterior das coxas do parceiro com a vulva. É um aquecimento erótico para você, pois massageia sua área pélvica.*

***5** Ele vira de frente para você. Fiquem na posição de cruz: você massageia o tórax e a barriga dele com a sua. Faça movimentos circulares e de vai-e-vem.*

***6** Momento supererótico: massageie o pênis com seus seios. Use as mãos para manter os seios unidos em torno do pênis. Importante: não deixe que ele chegue até o orgasmo com essas carícias. Antes disso, ainda tem mais...*

***7** Deite sobre o parceiro e deslize seu corpo sobre o dele. Massageie a área pélvica dele com o bumbum.*

***8** Vire de frente para ele e use a vulva para massageá-lo onde quiser: barriga, coxas, região pélvica...*

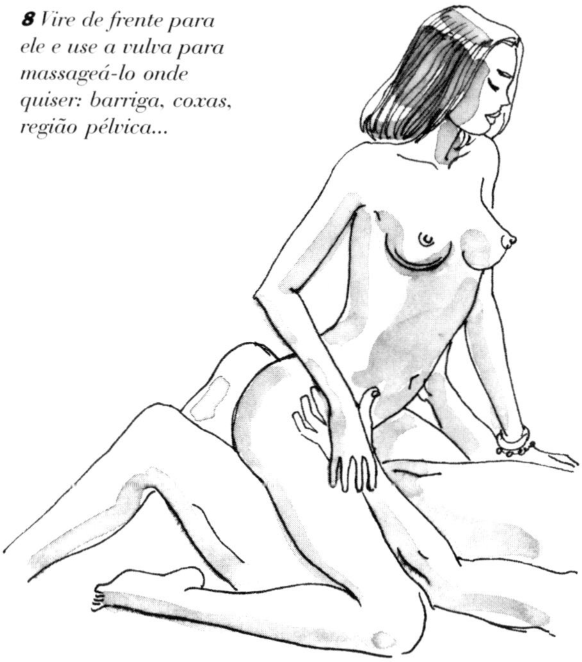

***9** Deslize os seios sobre os mamilos do parceiro, a barriga sobre a barriga, a vulva sobre o pênis. Inclua beijos nessas carícias. O próximo passo? Vocês escolhem!*

9 *Técnicas esotéricas funcionam?*

Esse ponto é polêmico. Algumas pessoas garantem que sim. Outras acham que não. Não custa tentar. Veja a seguir uma técnica, chamada de terapia prânica. O objetivo é fazer com que a energia do ar (prana) circule pelos chacras (pontos energéticos do corpo) que estão relacionados à sexualidade, despertando, assim, a libido.

10 *Alimentos afrodisíacos fazem efeito ou isso é lenda?*

Não há estudos que comprovem cientificamente a ação de alimentos afrodisíacos. No entanto, o fator psicológico conta muito: se a pessoa acredita que vai funcionar, então funciona.

Sexo prânico

Para melhorar o fluxo de energia sexual no chacra da base (na base da coluna) e no sexual (cinco dedos abaixo do umbigo).

Desbloqueio do chacra

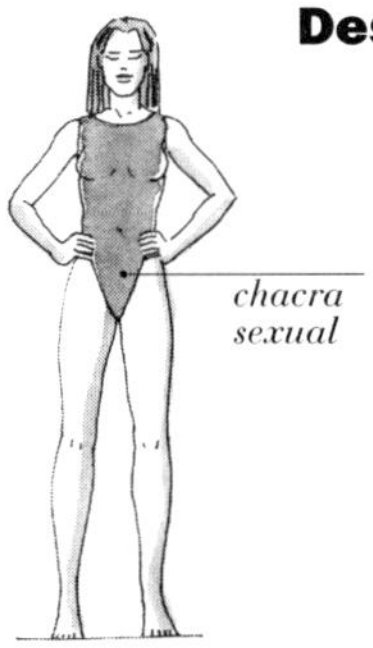

***1** Fique na posição inicial: de pé, com os pés paralelos e distantes cerca de 20cm. Inspire profundamente.*

***2** Flexione lentamente os joelhos e solte o ar. Imagine que expulsa energia negativa pelo chacra da base.*

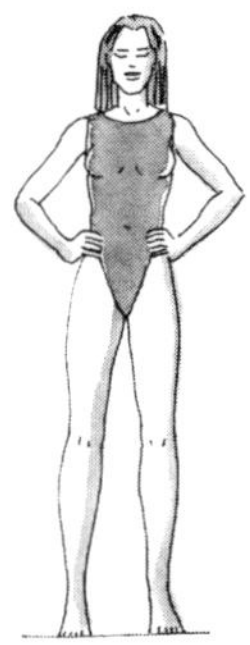

***3** Devagar, fique de pé. Inspire enquanto imagina que suga energia positiva da terra pelo chacra da base. Repita sete vezes.*

11 *É verdade que a atividade física aumenta a disposição para o sexo?*

Sim. Os exercícios físicos favorecem a liberação no organismo de substâncias químicas cerebrais que aumentam a sensação de bem-estar, como a serotonina. Isso estimula a libido. Não importa se a atividade é moderada ou intensa: tanto faz caminhar, correr, nadar ou fazer qualquer outra coisa. O importante é se exercitar.

12 *Existe remédio para aumentar o desejo?*

Infelizmente não há. A maior parte dos casos de falta de desejo é de fundo psicológico. Não existe um remédio específico para resolver esse tipo de problema.

Pulo do gato

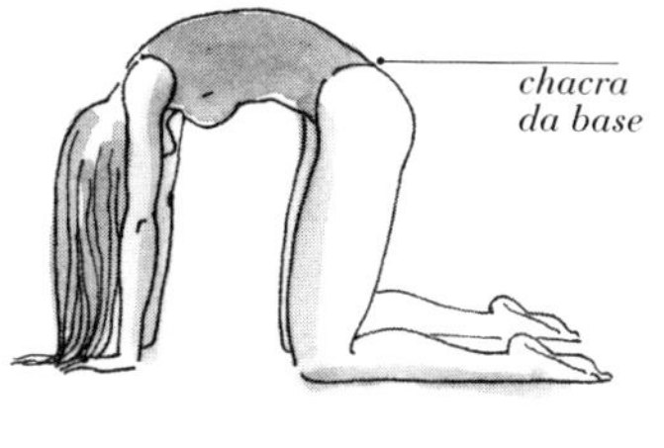

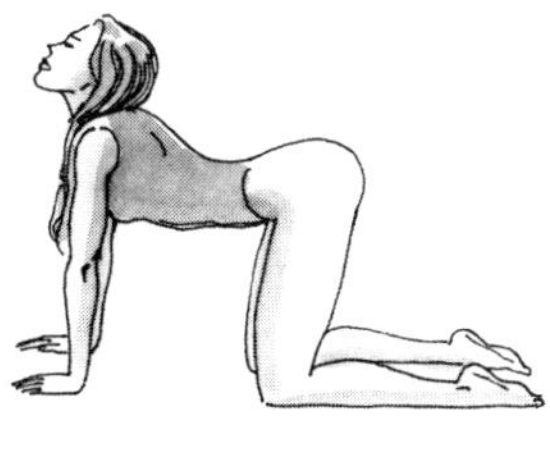

***1** Imite um gato se espreguiçando: abaixe a cabeça e faça um arco com a coluna. Com o abdome contraído, inspire e imagine o ar ativando o chacra sexual.*

***2** Num movimento simultâneo, relaxe o abdome, force a coluna para baixo e eleve a cabeça. Expire, retirando todo o ar dos pulmões. Repita sete vezes.*

13 *Reposição hormonal ajuda ou não?*

Depende. Se você realmente tem um desequilíbrio hormonal, como na menopausa, sim. Se os níveis estão normais, não. Não adianta uma mulher que tem taxas normais de hormônio querer tomar testosterona ou androgênio para sentir mais desejo. A libido, nesses casos, não vai se alterar. Pior: a mulher corre o risco de sofrer uma desestabilização. Na menopausa, a situação é diferente. Nessa fase, é comum ocorrer uma queda da taxa de androgênio. A reposição desse hormônio levará à recuperação da libido. Já a reposição hormonal comum, à base de estrogênio, não devolve o desejo. Mas pode fazer isso de maneira indireta: surte um aumento na sensação de bem-estar. É isso que favorece o sexo – e não o hormônio em si.

14 *E se a mulher tomar Viagra, ela sente mais tesão?*

Não. Testes recentes comprovaram que o sildenafil (o princípio ativo do Viagra) não funciona na mulher. No homem, o medicamento também não desperta o desejo: age apenas facilitando a ereção (veja mais a respeito de ereção e medicamentos no Capítulo 11, sobre dúvidas masculinas).

15 *Como os antidepressivos agem em relação à libido?*

Alguns antidepressivos provocam queda de desejo. Porém, distúrbios emocionais, como a depressão, também trazem o mesmo problema. Ou seja, se você sofre de um problema emocional, suspender o antidepressivo pode não ser a melhor solução para recuperar a libido. O ideal é substituir o medicamento por outro similar, mas que talvez atue de uma outra maneira no organismo da pessoa.

16 *Testosterona influencia alguma coisa?*

A baixa da taxa de testosterona diminui o desejo sexual. Esse desequilíbrio hormonal pode ser fruto de problemas nos ovários ou uma decorrência da menopausa. Nesse caso, a reposição – feita por comprimidos, adesivos para colar na pele, injeções ou minicápsulas subcutâneas – pode recuperar a libido. Tem-se a sensação de que o desejo aumentou. Na verdade, ele apenas retorna para o seu antigo patamar.

17 *Mulher menstruada tem mais desejo?*

Varia de mulher para mulher. Algumas têm mais desejo antes da menstruação, outras durante ou depois. Há ainda quem não sinta nenhuma alteração. Ou seja, não há um padrão. Durante o mês ocorre uma oscilação hormonal – e que influi na libido de parte das mulheres. As alterações decorrentes dos hormônios são tão fortes que até determinam alterações no comportamento fora da cama. A mulher passa por fases distintas durante o ciclo menstrual. Em cada uma, há um hormônio predominante. Veja a seguir quais são essas fases e o que ocorre em cada uma.

Os hormônios e o desejo feminino

Dois hormônios predominam no corpo da mulher. Cada um age mais ativamente durante duas semanas em média, alterando o comportamento feminino.

Primeira fase do ciclo menstrual

Predomina o hormônio estrogênio. Começa no primeiro dia da menstruação e dura duas semanas.

O que muda no comportamento

A mulher fica mais sensual e competitiva, em todos os setores da vida. O estrogênio a prepara para seduzir o homem e lutar para vencer a concorrência.

Como fica o desejo

Mulheres que gostam de se sentir poderosas podem ter alta de desejo: estão mais encorajadas a tomar a iniciativa para o sexo.

Segunda fase do ciclo menstrual

Predomina o hormônio progesterona. Começa no 15º dia após a menstruação. Termina duas semanas mais tarde.

O que muda no comportamento

Necessidade de se sentir segura, de ficar no seu canto, em casa. Ela começa a cuidar do ninho: faz compras de alimentos, prepara jantares...

Como fica o desejo

A vontade de sentir o aconchego faz com que algumas mulheres queiram se aninhar nos braços do parceiro e se envolver com carícias mais íntimas.

18 *Se eu tomar remédio para parar de menstruar, isso afetará a libido?*

Isso vai provocar uma alteração hormonal no seu organismo. A libido tende a se modificar.

19 *Pílula pode inibir o desejo?*

Cerca de 20% das mulheres apresenta queda da libido com o uso de anticoncepcionais orais. Isso não depende da marca e sim da alteração hormonal que as pílulas provocam. Mas em outras mulheres o desejo até aumenta: elas se sentem seguras para transar sem o risco de engravidar, o que as deixa mais predispostas ao sexo.

20 *Qual o melhor método para evitar a gravidez e, ao mesmo tempo, não atrapalhar o interesse sexual?*

Varia de pessoa para pessoa. Em geral, o melhor método para não atrapalhar o desejo é o que favorece o lado emocional da mulher, transmitindo a ela maior segurança. Ou seja, aquele cuja margem de falha é mínima, como o DIU (dispositivo intra-uterino) ou o contraceptivo hormonal (disponível em pílulas ou injeção). Porém, mesmo com métodos seguros, uma parcela das mulheres pode apresentar baixa de desejo, por implicações físicas. A ingestão de hormônios, por exemplo, pode provocar uma baixa de libido para 20% das mulheres, como foi dito na questão anterior, e a utilização de um dispositivo intra-uterino desencadeia um certo incômodo em alguns casos. Para essas mulheres, a camisinha ou o diafragma (menos eficazes do que a pílula ou o DIU) talvez sejam métodos mais indicados para não influir no apetite sexual. Para saber o que é melhor para você, procure um médico, faça o teste e, se achar necessário, experimente outro método.

21 *É verdade que a laqueadura acaba com a libido?*

Esse é um preconceito muito comum. A laqueadura (ligação de trompas) por si só não tem essa repercussão negativa na sexualidade. A não ser, em alguns casos, por questões emocionais. O que influi na libido é essa crença equivocada.

22 *A retirada do útero e dos ovários faz perder a vontade de sexo?*

Não. A retirada do útero e dos ovários pode interferir indiretamente na sexualidade: há mulheres que, com a retirada desses órgãos, passam a se sentir menos mulher. É um efeito psicológico, que pode levar à baixa de libido. Quanto à parte orgânica, não surte nenhuma alteração.

23 *Qual é a melhor hora do dia para o corpo sentir tesão?*

Isso varia de pessoa para pessoa. Na maioria das vezes, depende da agenda: se você tem mais tempo livre à noite, por exemplo, essa será a melhor hora do dia para despertar o desejo, pois poderá se dedicar com mais calma aos jogos eróticos. Se você quiser pensar em termos hormonais, o momento em que o organismo está mais predisposto ao sexo varia de acordo com a testosterona. No corpo do homem, esse hormônio tem uma alta no período da manhã. Na mulher, no começo da noite. Você pode tirar proveito desse relógio biológico, mas não se prender a ele. Desejo vem mesmo quando há clima para isso: uma situação erótica, um momento de relaxamento e de proximidade com o outro... Sem isso, não há hormônio que possa ajudar.

24 *Além do pênis, quais são as principais zonas erógenas masculinas?*

Varia de homem para homem. Mas há pontos em comum: virilha, mamilos, parte interna das coxas, atrás das orelhas, nuca. Para estimular essas áreas, alterne a pressão do toque e o tipo de carícia: deslize as mãos suavemente, como se fossem plumas, dê leves arranhões e mordidas, toque de um jeito mais vigoroso, assopre (em especial perto das orelhas e da nuca). É excitação na certa.

25 *E os principais pontos que dão tesão à mulher?*

As mulheres têm uma infinidade de zonas erógenas. Para descobri-las, basta se acariciar em momentos de relaxamento, como durante um banho morno, gostoso e demorado. Alguns pontos onde os toques são prazerosos: bumbum, seios, pontas dos seios, barriga, ventre, parte interna das coxas, pescoço, face, lábios, os cantos da boca. Esses são apenas alguns. Você pode descobrir – na prática – muitos mais!

26 *O que acende mais o desejo do homem: cenas eróticas, palavras picantes ou partir para a ação?*

Depende do homem. Usar palavras picantes ou toques eróticos são maneiras eficientes de excitá-lo. Porém, a maioria gosta mesmo é do estímulo visual: observar uma cena erótica, ver a parceira nua (ou quase)...

27 *O que estimula mais a mulher?*

O clima: ambiente bem preparado, música de fundo, carícias... Ou seja, clima de sedução. Isso excita mais do que simplesmente ver o homem nu.

28 *Mas chega uma hora que vira rotina. E aí?*

Dá para quebrá-la de um jeito fácil. Tente lembrar de como vocês se relacionavam no início, quando o interesse sexual era mais intenso. Copiar aquela fase – transar no carro, em lugares exóticos, se preparar um pouco mais para o sexo – pode ser o suficiente para sair da mesmice. A dica em casos de rotina é: aja. Desejo precisa ser cultivado. Senão, diminui mesmo.

29 *É verdade que só um amante faz a mulher casada voltar a sentir desejo?*

Dá para recuperar o tesão dentro do próprio relacionamento. Há algumas boas sugestões nas perguntas 5, 7 e 8 deste capítulo. Mas de nada adianta a técnica se a relação não estiver indo bem fora da cama. A cumplicidade e o entrosamento no dia-a-dia são fundamentais para um casal que quer reacender o desejo.

30 *Usar drogas antes do sexo estimula a libido?*

Não. Há pessoas que precisam de artifícios para se desinibir – e muitas vezes escolhem o caminho errado, como o uso de drogas. Com certeza isso não será positivo para a sexualidade – nem para a vida dessa pessoa. Pelo contrário. Pode gerar um problema maior: a incapacidade de iniciar uma transa se não for dessa maneira. A saída, nesses casos, é buscar ajuda profissional.

31 *Tem problema beber para desinibir?*

Uma dose moderada não faz mal, mas álcool em excesso inibe a libido. Se beber for só um ingrediente para deixá-la mais solta, mais relaxada e menos tímida, tudo bem. O problema é se o álcool se tornar imprescindível para que o sexo ocorra. A transa não pode depender da bebida. Isso é o primeiro passo para a instalação de um vício – e para o surgimento de problemas sexuais.

32 *Gosto de transar olhando um vídeo pornô. É errado?*

De jeito nenhum. Não faz mal observar algo erótico. Errada é essa crença, que proíbe prazeres como esse.

33 *Filme de sexo não me excita. Por quê?*

Para o homem, olhar o ato sexual em si já é o suficiente para despertar o desejo e excitá-lo. Já para a mulher, não. O filme erótico precisa ter um ingrediente a mais: uma história envolvente. Aí, sim, serão maiores as chances de você se excitar. Isso acompanha o *timing* feminino: a estimulação vai ocorrendo lentamente, à medida que o filme vai se tornando mais picante.

34 *Só me estimulo em situações de risco: na garagem do prédio, no banheiro de uma festa. Isso é problema?*

Pode parecer que não, mas, no fundo, é um problema. Você apresenta uma inibição parcial de desejo que precisa ser tratada para que seja mais feliz sexualmente. Você pode tentar lidar com isso aos poucos.

35 *Sinto tesão ao pensar em outro quando estou na cama com meu parceiro. É errado?*

Que mal há em fantasiar? Nenhum. É problema quando isso gera culpa, um sentimento que não combina com sexo. Tente parar de se preocupar tanto. Pensar em cenas eróticas não significa que você está traindo alguém.

36 *Senti vontade de me masturbar pensando numa transa de mulheres. Sou bissexual?*

Vale o mesmo argumento da pergunta anterior: não há mal algum em dar asas à fantasia e sentir tesão com ela. Só o desejo de se excitar com cenas eróticas que envolvem mulheres não é suficiente para determinar se você é bissexual ou não. A tendência à bissexualidade se revela quando há mais um desejo envolvido: você quer colocar a transa com mulheres em prática.

37 *Só tenho desejo no primeiro mês de namoro. Depois passa. Por quê?*

Tudo o que é novidade atiça mais a libido. Depois, entra na normalidade. O que não precisa significar rotina: você pode inovar sempre, buscando novas técnicas, novos jogos eróticos. O desejo tem de ser cultivado, sempre. Usar a criatividade pode ser uma boa maneira de fazer isso.

38 *Tenho vergonha do meu corpo e isso acaba com o meu interesse por sexo. O que eu faço?*

Esse mito do corpo perfeito, que paira sobre a cabeça de muitas mulheres (e de muitos homens também), só atrapalha. Claro que a aparência física é importante para atrair o parceiro e despertar seu desejo. Mas está longe de ser o ingrediente fundamental para o sexo. Ser sensual e saber onde e como tocar o parceiro do jeito que ele gosta são fatores muito mais importantes. Não valorize demais a aparência. Priorize o prazer. Você e ele sairão ganhando.

39 *Depois da transa, não tenho tesão para uma segunda vez. O que eu faço?*

Isso é normal. Após o orgasmo, a mulher entra no que se chama de fase de resolução. É um momento em que seu corpo desacelera, os batimentos cardíacos e a pulsação vão voltando ao normal, seu ritmo vai se estabilizando. É um momento ideal para descansar, e saborear um pouco mais a lembrança das sensações prazerosas que você acabou de ter com o sexo e o orgasmo.

40 *Ele não fica com tesão para uma segunda vez. Por quê?*

Isso também é normal. Se a primeira vez foi suficiente para satisfazer o desejo, o corpo não sente mesmo a necessidade de uma segunda experiência. Mas se você quer mais, espere pelo menos uma meia hora. Esse é o tempo mínimo para que o corpo masculino adulto esteja preparado para mais uma rodada. Depois, volte a estimulá-lo. Opte por carícias ou estímulos visuais diferentes dos que acabou de utilizar. Assim, surtirá melhor resultado.

41 *No início de algumas transas, ele alega dor de cabeça e quer parar. Acredito ou não?*

Pode não ser mesmo uma desculpa. Há, sim, um tipo de dor de cabeça que ocorre no início do ato sexual ou após o orgasmo. É a cefaléia orgásmica. Não se sabe ao certo quais são as causas. O tratamento é à base de medicamentos específicos para esse tipo de dor, que devem ser indicados exclusivamente por um neurologista.

42 *Ele não me beija na boca na hora da transa. É sinal de que perdeu o interesse por mim?*

Falta de beijo é sinal de que o vínculo afetivo entre vocês está prejudicado. A questão não pode ser resolvida só na cama. Requer uma aproximação maior no dia-a-dia.

43 *Meu filho dormiu no nosso quarto por algumas semanas e agora não consigo recuperar a freqüência sexual. Por quê?*

Você se acostumou com a falta de sexo. Ou já tinha problemas de desejo antes e aproveitou a questão do filho como desculpa para evitar as relações. A saída é tentar identificar a causa da falta de interesse. As mais comuns são cansaço, estresse, ansiedade, excesso de problemas e de preocupações. Há ainda fatores orgânicos, como um desequilíbrio hormonal. Investigue as causas. Elas são as pistas do que é preciso fazer para resgatar a libido.

44 *Sofri abuso sexual na infância e não gosto de sexo. Como saio dessa?*

Abusos sexuais geram traumas e problemas emocionais complicados. O ideal é recorrer à psicoterapia. Será uma maneira de descobrir o que a incomoda no sexo e o que pode ser feito para reprogramar esse conceito. Vale a pena tentar!

45 *Tenho medo de fazer sexo. De onde vem o meu problema?*

Pode ser fruto de uma educação sexual equivocada e cheia de tabus. A maioria das pessoas não aprendeu sobre sexo de maneira adequada. Na adolescência, ninguém explicou nada direito e o pouco que foi dito tinha caráter negativo. Ou seja, a pessoa cresce com uma visão distorcida de sexo, de que dói, é ruim, é sujo. O medo pode vir daí. Ou de algo maior: uma iniciação traumática, abusiva ou violenta. Pode ter sido tão ruim que muitas levam a pessoa até a esquecer – temporariamente – o que ocorreu.

46 *Não gosto de sexo. Sou anormal?*

Fazer sexo não é obrigatório. Mas é recomendável que você verifique o que há por trás do fato de não gostar. Será que não gosta mesmo ou não tem vontade? Talvez você tenha uma disfunção sexual caracterizada pela inibição ou ausência total de desejo. Isso tem tratamento. Basta querer fazê-lo. Procure um terapeuta sexual. A perda de desejo geralmente vem acompanhada de perda de vontade de lutar pelo prazer, pela felicidade, pela vida. Em outras palavras, a pessoa não perde apenas o tesão pelo sexo, perde o tesão por tudo.

47 *Penso em sexo o dia todo. Sou viciada?*

Se a intensidade de seu desejo está prejudicando suas atividades habituais, você é viciada. O vício se caracteriza pela incapacidade de ter uma vida normal: o sexo é o motivo de todas as suas atitudes e rouba grande parte do seu tempo – seja planejando, seja praticando. O ideal é você recorrer a ajuda médica. Ou a um grupo de autoajuda, onde se discuta o problema com outras pessoas que também passam por ele. Isso tem dado bons resultados.

48 *O desejo acaba com a idade?*

De jeito nenhum. Nossa cultura, erroneamente, privilegia a atividade sexual como algo próprio da juventude. O que ocorre é que muitas pessoas param de valorizar o sexo com o passar do tempo. Aí, o desejo vai embora. Outros fatores que atrapalham: quando a mulher se sente velha, se acha pouco apta e atraente para exercer a sexualidade. Como sexo depende em grande parte de auto-estima, ela mesma decreta sua falência sexual.

49 *Homem tem mais desejo do que mulher?*

Isso é um mito. Não há nada no organismo masculino que justifique um desejo maior do que o da mulher. Porém, na prática as coisas são diferentes. A mulher que cresce ouvindo frases do tipo "homem precisa de sexo, mulher não" pode acabar acreditando nessa história. E o desejo? Vai embora, é claro.

50 *Quando recuso sexo, ele se irrita. Cedo ou não?*

Se você não quer, não há por que ceder. Mas se você está com um pouco de desejo, mas uma dose de preguiça atrapalha, pode ser que o empenho em fazer sexo torne a noite muito mais agradável.

AS 50 PRINCIPAIS DÚVIDAS SOBRE ORGASMO E PRAZER

Capítulo **6**

Chegar ao orgasmo é uma delícia. Mas ninguém precisa se torturar só porque tem dificuldade em consegui-lo. Há técnicas para resolver esse problema e para incrementar ainda mais o prazer. Funcionam. É só experimentar...

1 *Como eu faço para chegar lá?*

Há uma técnica eficiente, que é dividida em duas etapas. A primeira delas deve ser feita sozinha. Comece encontrando algo que desperte seu desejo. Um vídeo erótico é uma boa opção. Escolha um que tenha uma história envolvente, um clima de sedução antes das cenas de sexo. Mulher não vê graça em filme muito mecânico – aquele que já começa com o ato em si. Assista a ele sem pressa, em um ambiente tranqüilo. Enquanto vê, comece a acariciar o próprio corpo. Toque os seios, a barriga, as coxas... até chegar à vagina. Use um creme de massagem. Assim é mais gostoso. Não se preocupe em chegar ao orgasmo no primeiro dia em que fizer esse exercício. Repita-o outras vezes. Seja paciente e não desanime. Você vai chegar lá. Só depois será a hora da segunda etapa: incluir o parceiro na brincadeira. Nas primeiras vezes, você se masturba com ele por perto. Nas próximas, ele participa, sendo que você orienta as carícias.

2 *Nunca tive orgasmo. O que há de errado comigo?*

Não conseguir chegar ao orgasmo é um problema de fundo psicológico, na maioria das vezes. Essa disfunção sexual, chamada de anorgasmia, geralmente é conseqüência de uma primeira vez traumática (a mulher sentiu dor, o parceiro foi agressivo e pouco carinhoso...). Mas também pode ser fruto de uma visão distorcida da sexualidade, preconceituosa e carregada de culpas. Você se masturba? Provavelmente a resposta é não. Orgasmo é descoberta e aprendizado: você precisa perceber onde sente mais tesão e aprender a estimular esses pontos. Importante: cobranças do tipo "Hoje eu tenho de conseguir" são altamente nocivas, pois agravam ainda mais o problema. Quem vai para a cama com esse tipo de preocupação corre o risco de se frustrar mais uma vez. E atenção: em alguns casos, é necessária a ajuda de um terapeuta sexual.

3 *Sofri abuso quando criança. É por isso que não sinto prazer?*

É muito provável que sim. Um trauma causado por abuso sexual freqüentemente é a origem da incapacidade de sentir prazer ou de chegar ao orgasmo. Nesses casos, o ideal é recorrer à terapia sexual.

4 *Será que eu tenho algum problema físico que atrapalha tudo?*

Isso não é muito freqüente, mas pode ser, sim, que um problema orgânico a impeça de atingir o clímax. Ou atrapalhe. Distúrbios hormonais são os principais vilões do orgasmo. Alguns medicamentos, como diuréticos e tranqüilizantes, também costumam agir contra o prazer. Mas só um médico pode ajudá-la a se certificar se algum desses fatores está interferindo ou não na sua obtenção de prazer.

5 *Outras mulheres também enfrentam dificuldade para atingir o clímax ou é só comigo que isso ocorre?*

Ter dificuldade para chegar lá é um problema que atinge cerca de 20% das mulheres, segundo dados da Sociedade Brasileira de Estudos em Sexualidade Humana. Um balanço dos atendimentos feitos pelo Centro de Estudos em Comportamento Humano Persona, em São Paulo, durante o ano 2000, traz números semelhantes a esses: das 132 mulheres que foram atendidas, 24% não conseguiam alcançar o orgasmo. Veja o depoimento de Fernanda, 34 anos, administradora de empresas, de São Paulo:
"Nunca tive orgasmo. Vivo me perguntando o que é que eu tenho de errado. Quando eu era adolescente, sonhava em perder a virgindade. Esperei, esperei, esperei... e encontrei um namorado com quem valesse a pena. Só que foi um caos. Ele gozou em dois minutos. Eu? Fiquei lá, deitada na cama, a ver navios. Minhas pri-

meiras transas foram todas assim. Eu achava que eu não conseguia chegar ao orgasmo porque meu namorado era rápido demais. Cresci, namorei outros, e o problema não desapareceu. Perdi, então, o tesão pelo sexo. Passei anos sem sentir a mínima vontade. Eu me casei há três anos. Meu marido é o primeiro homem a saber do meu problema. Para os outros, eu sempre dizia que tinha sido bom. Recentemente procurei a ajuda de um terapeuta sexual. Demorei para tomar coragem, pois sentia vergonha de mim, de ser incapaz de conseguir. Sabe o que eu descobri? Que eu podia me masturbar. Eu achava errado – e nunca tinha experimentado. Levei um tempo para vencer a barreira de tocar meu corpo. Mas venci. Agora, sei que vou conseguir chegar ao orgasmo. É só mais um pouco de paciência... e de perseverança."

6 *Sinto um ressecamento vaginal e não consigo chegar ao orgasmo. Uma coisa tem a ver com a outra?*

Talvez sim. Ressecamento vaginal pode ser fruto de uma infecção ou de outro problema na vagina. Ou da queda do hormônio estrogênio, problema que costuma ocorrer na menopausa ou após uma cirurgia de retirada dos ovários. Mas também pode significar que você não está se excitando durante a relação. Sem se estimular o suficiente, não chegará ao orgasmo. O ideal é procurar um médico para descobrir as causas de sua falta de lubrificação. Se for uma infecção, é preciso tratá-la, para o problema não crescer ainda mais.

7 *Qual a melhor posição para alcançar o clímax?*

Aquela em que você se sentir mais confortável. Para a maioria das mulheres, orgasmo depende de estimulação contínua do clitóris. Então, busque posições em que esse tipo de carícia possa ser feita com maior facilidade.

8 *Posso ter orgasmos múltiplos?*

Talvez. Nem todas as mulheres conseguem ter. Depende do organismo de cada uma – e não de treino ou algo parecido. Algumas mulheres apresentam uma característica diferente: elas têm vários orgasmos seguidos, porém menos intensos. A maioria das mulheres, no entanto, só atinge o clímax uma vez por relação.

9 *E o homem? Pode?*

Durante muito tempo se acreditou que a capacidade de ter orgasmos múltiplos era uma característica exclusivamente feminina. Porém, algumas recentes pesquisas científicas estão revelando que há a possibilidade de uma pequena parcela de homens apresentar esse tipo de orgasmo.

10 *Se eu quiser ter dois orgasmos numa mesma noite de sexo, o que preciso fazer?*

Se você não for uma mulher com a característica de ter orgasmos múltiplos, precisará de calma para conseguir o segundo orgasmo da noite. Depois do primeiro, a excitação diminui. Isso significa que precisará de paciência redobrada. Busque os estímulos eróticos que lhe dão mais prazer, prenda-se mais tempo aos toques de que mais gosta. É improvável que você consiga logo na primeira tentativa. Tente de novo em outras oportunidades. Só não comece a cobrar demais de si mesma. Senão, o que tinha tudo para ser mais um motivo de prazer pode se tornar um incômodo problema.

11 *Quanto tempo dura cada orgasmo?*

Varia de pessoa para pessoa, mas. em geral, dura de 2 a 10 segundos.

12 *Para o sexo ser prazeroso, quanto tempo deve durar?*

Não há regra. Mas as pessoas insistem em se prender a contagens: de tamanho de pênis, de freqüência de relações, de tempo na cama. Estima-se que o brasileiro passe de 15 a 20 minutos na cama em cada relação. Mas isso não significa um padrão a ser seguido, assim como não é preciso se preocupar em comparar freqüência de relações nem tamanho de pênis. Cada casal tem um estilo. E deve encontrar sozinho o ritmo que o satisfaz.

13 *Não sei se tive orgasmo. Como é a sensação?*

Um jeito de descrevê-la: são instantes de um intenso prazer seguidos de uma sensação gostosa de alívio e de relaxamento. A pessoa que não chega ao orgasmo termina o sexo de um jeito bem diferente: com uma sensação de insatisfação, irritabilidade e estresse.

14 *Senti algo bem leve outro dia. Posso ter chegado ao clímax?*

Pode sim. Há orgasmos e orgasmos. Em alguns dias, são mais fortes. Em outros, mais fracos. O que determina a intensidade do orgasmo é a excitação: quanto mais tempo você a mantiver num nível elevado, mais intenso será o clímax. Além disso, há a questão da parceria: num relacionamento mais apaixonado e envolvente, os orgasmos também são mais intensos.

15 *Tive um superorgasmo outro dia. Como eu faço para ser assim toda vez?*

Vale o mesmo da pergunta anterior: é natural que alguns orgasmos sejam mais prazerosos do que outros. Não adianta querer que sejam sempre iguais. Isso é impossível. Nem se você usar as mesmas técnicas, as mesmas carícias, o mesmo parceiro. Além desses fatores, o seu estado emocional conta muito: às vezes, você está mais cansada, estressada, mal-humorada. E nem se deu conta disso. O orgasmo vai ser diferente, com certeza. Mas essa é a graça do sexo: a cada vez, uma surpresa.

16 *Os hormônios influenciam de alguma maneira?*

Sim. Em especial a testosterona, o hormônio da libido. Durante o dia inteiro, o organismo recebe jatos de hormônio. Ou seja, as taxas hormonais sofrem alterações: às vezes estão mais baixas, às vezes mais altas. Se o orgasmo coincidir com um momento de alta de testosterona, com certeza contará com uma ajuda extra para ser mais intenso. Só que isso não dá para a pessoa programar.

17 *Há algum remédio que ajude?*

Não. Mas, atualmente, há médicos apostando no poder da testosterona. Acredita-se que, ao repor a testosterona no organismo, o desejo aumenta – e o prazer sexual também. Mas os resultados só são bons em quem está realmente com os níveis baixos, por causa de um problema nos ovários ou na tireóide, por exemplo.

18 *Tem a ver com o homem que está comigo?*

O parceiro influencia, é claro. Mas o mais importante para chegar lá é você: a sua cabeça, o seu estado emocional, o seu conhecimento do próprio corpo e dos pontos de prazer.

19 *Idade interfere? Eu chegava lá aos 15 anos, mas agora, aos 30, não consigo mais. Por quê?*

Não. Isso não interfere na capacidade de ter ou não um orgasmo. Mas a idade influencia, sim, a qualidade do orgasmo: na adolescência, ele costuma ser mais explosivo. Porém, menos satisfatório do que na fase adulta. Ao longo dos anos, o corpo aprende a lidar com o orgasmo para que seja mais agradável, mesmo sem você perceber.

20 *Nos filmes, vejo mulheres gritando de tanto prazer. Eu não sinto isso. Sou normal?*

Claro que é. O cinema nem sempre reproduz a vida real. Filme é filme: orgasmos enlouquecedores e bem coreografados valorizam a cena. Quer dizer, as atrizes, na maioria das vezes, capricham demais na encenação de um orgasmo. Na prática, não é bem assim.

21 *Qual a diferença entre orgasmo vaginal e clitoriano?*

Não há. A teoria de que há orgasmos vaginais e clitorianos é de Freud. Foi divulgada há 100 anos. Freud dizia que o orgasmo clitoriano é mais imaturo e que apenas mulheres adultas e experientes conseguiam ter o orgasmo vaginal. Hoje não se enxergam as coisas dessa forma. Na década de 1960, os pesquisadores americanos William Masters e Virginia Johnson formularam outra tese, que é seguida pelos atuais estudiosos de sexualidade. Acredita-se que o orgasmo vaginal e o clitoriano são uma coisa só: na região pélvica, as sensações provocadas pelo clímax se iniciam no clitóris e terminam na vagina, com as contrações dos músculos vaginais. Importante: orgasmo começa, de fato, na cabeça. No cérebro, há o que se chama de centros de prazer:

diversos núcleos onde se concentram as células nervosas responsáveis pela sensação de prazer.

22 *Há diferença entre o orgasmo do homem e o da mulher?*

Acredita-se que não. Homens e mulheres podem ter a mesma intensidade de orgasmo, apesar de o clímax variar de acordo com a pessoa.

23 *Ejacular e chegar ao orgasmo é a mesma coisa?*

Não. A ejaculação acompanha o orgasmo masculino, por isso as pessoas acham que é a mesma coisa. Mas pode ocorrer orgasmo sem ejaculação. Em algumas culturas orientais, aliás, acredita-se que o melhor orgasmo é aquele que ocorre sem a ejaculação.

24 *E se ele, sem querer, chegar ao orgasmo e não conseguir ejacular: é sinal de um problema?*

Pode ser o que se chama de ejaculação retrógrada: em vez de o esperma ser expelido, ele vai para a bexiga. Depois, os espermatozóides saem com a urina. Esse tipo de ejaculação, comum após uma cirurgia de próstata, não afeta o prazer nem faz mal à saúde. O que incomoda é a questão psicológica: muitos homens precisam ver o esperma ser expelido para se sentirem satisfeitos na cama. Caso contrário, acham que o sexo não chegou até onde deveria ter ido.

25 *Mulher ejacula?*

Não. Mulheres não têm estruturas anatômicas que possam levar à ejaculação. O que ocorre é o seguinte: quando a mulher entra no período de excitação, o corpo produz um líquido vaginal lubrificante. Em algumas mulheres, esse líquido é produzido em grande quantidade. Como durante o orgasmo há uma série de contrações da musculatura que cerca a vagina, o lubrificante acaba sendo expelido bem na hora do clímax. Mas isso não é ejaculação – trata-se apenas de uma dose excessiva de lubrificante vaginal que está sendo liberado pelo corpo.

26 *A secreção que sai da vagina é considerada orgasmo?*

O que caracteriza o orgasmo é a sensação prazerosa, acompanhada de contrações musculares, principalmente em torno da vagina. A saída desse líquido lubrificante é um fato secundário – e não o orgasmo em si.

27 *Técnicas orientais, como o tantrismo, rendem mesmo um superorgasmo?*

Talvez sim. O segredo está nas preliminares: essa filosofia milenar indiana dá ênfase a elas. Um de seus principais objetivos é retardar ao máximo a ejaculação. O tantrismo vê o sexo como um ritual sagrado. Nessa cultura, as mulheres são consideradas divindades, pois conseguem gerar filhos. Isso lhes dá um grande poder: cabe a elas conduzir toda a relação. Veja ao lado algumas técnicas tântricas para adiar o orgasmo e, assim, tornar a relação sexual mais longa e mais prazerosa.

28 *Como mostrar a ele do que eu mais gosto?*

Simplesmente falando. Esse é o melhor jeito. Se você quiser, conduza a mão dele para os pontos onde mais gosta de ser tocada. E demonstre quando estiver gostando, seja com palavras, seja com sussurros, seja com gemidos... Ou de outro jeito que preferir.

29 *E como saber do que ele mais gosta?*

Da mesma forma que ele fica sabendo sobre você: perguntando. Conversar sobre sexo é um tabu entre muitos casais. Mas não há maneira melhor para conhecer o outro do que essa. Muitas vezes, isso é decisivo para o relacionamento: ao conhecer melhor as preferências, os desejos, as fantasias um do outro, vocês aprendem maneiras de dar – e de sentir – muito mais prazer. A seguir, há um teste para você descobrir como estão os seus conhecimentos em relação à sexualidade do seu parceiro. Ele também pode fazer para conferir o mesmo sobre você.

Sexo tântrico

Para ser feito sem pressa. Alongar as preliminares é o segredo para um orgasmo mais intenso.

Criando o clima
Escolham um momento em que não tenham pressa, coloquem uma música suave e acendam um incenso. O objetivo é relaxar antes da transa e fazer tudo sem pressa.

Olhos nos olhos
Sentem-se de frente um para o outro: o homem cruza as pernas para que a mulher se encaixe no colo dele. Respirem lentamente e tentem sincronizar as inspirações e expirações. Olhem nos olhos um do outro. O tantrismo prega uma sintonia dos corpos e das almas: tentem criar esse elo com o olhar.

Movimentos vaginais
É hora de a mulher iniciar a estimulação: faça contrações vaginais e movimente a vulva para massagear o pênis. Encostem os seios nos mamilos, se abracem.

Beijo tântrico
Unam os lábios e sintam a respiração um do outro.
Esse é um bom momento para a penetração. As contrações vaginais devem continuar quando o pênis estiver na vagina. Acariciem os cabelos um do outro, a nuca, as costas, bumbum... Façam tudo bem devagar, como se acompanhassem o ritmo de uma música bem lenta e sensual.

Adiando o orgasmo
Interrompam os movimentos quando estiverem próximos ao clímax. Em seguida, retomem a estimulação. O segredo é ir sem pressa e se excitar o máximo que puder. Ao adiar o orgasmo, a fase de excitação se prolonga. Quando se renderem ao clímax, ele virá com uma intensidade muito maior.

Teste

Você conhece o seu parceiro?

Conhecer o outro é fundamental para o prazer sexual. Responda às 20 perguntas a seguir e descubra o quanto você sabe sobre a vida sexual de seu parceiro. Veja em seguida o resultado.

Você sabe...

... quais são as principais fantasias sexuais dele?

... em que ponto do corpo ele sente mais tesão?

... de que jeito o orgasmo dele é mais intenso?

... se ele se masturba?

... com que freqüência ele se masturba?

... como foi a primeira experiência sexual dele (se foi boa ou ruim)?

... do que ele já se arrependeu de ter feito na cama?

... qual foi a melhor transa que ele já teve?

... se ele já perdeu a ereção alguma vez e por quê?

... se ele toma algum remédio com finalidades sexuais?

... qual o maior desejo sexual dele?

... qual o maior medo sexual dele?

... quantas parceiras ele já teve?

... qual a coisa mais ousada que ele já fez na cama?

... qual a freqüência que ele considera ideal para o sexo?

... em qual momento do dia ele mais gosta de transar?

... onde ele mais gosta de transar?

... o que ele mais gosta que você faça na cama?

... se ele gostaria de mudar alguma coisa na maneira como fazem sexo?

... o que ele gostaria de incluir na rotina sexual?

Diagnóstico

Até 5 respostas sim
É preciso perguntar um pouco mais sobre a vida dele. Nem sempre é possível perceber todas as coisas. Conversas sobre preferências sexuais são importantes entre um casal.

De 6 a 10 sim
Você conhece um pouco sobre o parceiro. Mas ainda não é o suficiente. Mais alguns detalhes podem elevar o prazer dos dois. Observe um pouco mais, faça uma pergunta aqui, outra ali. Isso aumentará o prazer de ambos.

De 11 a 15 sim
Você está no caminho certo. Sabe informações básicas e até um pouco mais. Procure obter mais respostas. Elas podem dar pistas preciosas para aumentar a cumplicidade – e o tesão – de vocês.

De 16 a 20 sim
Parabéns! Você está atenta aos desejos e às fantasias do parceiro, o que é altamente positivo para a vida a dois. Mas não se acomode. Sexo fica melhor quando os parceiros vivem em clima de constante descoberta.

30 *O que dá mais prazer ao parceiro: gemidos altos ou sexo silencioso?*

Varia. Tem homem que gosta de ouvir sussurros, outros adoram a respiração ofegante... outros gostam de teatro, gritos, exageros. Essa última opção, na maioria das vezes, é conseqüência do que se vê em filmes pornôs. Os homens assistem a mulheres dando um show na hora do orgasmo e querem experimentar isso na prática. Para saber do que o seu parceiro gosta, vale o que foi dito na questão anterior: o melhor é perguntar. Ou partir direto para a prática e... experimentar.

31 *Ele adora ouvir palavras picantes na cama. Isso é imoral?*

Não. Trata-se apenas de uma maneira a mais de o casal ser estimulado na hora do sexo. Não há mal algum nisso.

32 *Quero falar palavras picantes, mas fico inibida e não consigo. O que eu faço?*

Comece devagar. Você não vai conseguir se desinibir totalmente de uma hora para outra. É preciso ir aos poucos, começando com expressões do tipo "Isso é bom" ou "Assim é gostoso". Esse tipo de elogio estimula o parceiro a continuar as carícias, ao mesmo tempo em que revela algumas das suas preferências na cama.

33 *Dá para atingir o clímax junto com o parceiro?*

Chegar ao orgasmo ao mesmo tempo que o parceiro é um dos mitos da nossa cultura. São poucas as vezes em que isso é possível. Cada pessoa tem um *timing* sexual. Ou seja, reage de uma forma às carícias e tem um ritmo pessoal para conseguir chegar lá. Querer acertar a sintonia não é fácil. Pior: pode causar uma angústia nociva ao prazer – e totalmente desnecessária.

34 *O que é melhor: ele ou eu chegar lá primeiro?*

Você. O homem, depois do orgasmo, entra quase que imediatamente na fase refratária: seu corpo pára de responder aos estímulos eróticos e o pênis perde a ereção. Ou seja, o sexo esfria. E a mulher corre o risco de não conseguir mais ser estimulada o suficiente para também chegar lá. Entretanto, se ela atinge o orgasmo antes do parceiro, consegue continuar as carícias até chegar a vez dele. Ou seja, assim é bem maior a chance de o sexo ser prazeroso para os dois.

35 *Depois do meu orgasmo, quero parar de transar. Mas ele ainda não. O que eu faço?*

Você precisa tentar manter a excitação. Uma maneira é apostar na fantasia: entre no clima dele, enquanto deixa a imaginação voar. Isso pode ser melhor do que você imagina.

36 *Demoro demais para chegar lá. Como acelerar?*

Não há muito o que fazer, pois o ritmo do seu corpo é esse. O que dá para tentar é buscar novos estímulos – um toque diferente, um outro local para transar... Isso pode fazer com que se excite mais rapidamente. Aí, o orgasmo pode vir mais rápido.

37 *Ele não segura o orgasmo pelo tempo que eu gostaria. O que eu faço?*

O que você precisa fazer é se estimular um pouco mais do que ele. Por exemplo, começando a se masturbar um pouco antes de ir para a cama com ele. Ou tentem dar prioridade às carícias no seu corpo no início da transa, para que você se aqueça um pouco mais do que ele. A mulher precisa mesmo de um tempo maior de estimulação para chegar ao orgasmo. A masturbação pode ser uma boa solução.

38 *E se ele ejacular rápido demais?*

Ejacular rápido demais é uma disfunção sexual. Será preciso buscar tratamento. O problema pode ser facilmente resolvido com terapia sexual – ou até mesmo com algumas técnicas ou alguns exercícios para o controle da ansiedade e da sensibilidade do pênis (veja mais a respeito de controle da ejaculação no Capítulo 11, sobre dúvidas masculinas).

39 *Tenho de me concentrar para transar, senão meu pensamento voa e eu não sinto prazer. Como relaxar mais?*

Procure prestar atenção no ato em si: nas sensações que desperta, na intensidade dos toques... Toda vez em que o pensamento começar a voar, concentre-se no seu corpo. É uma boa maneira para voltar a atenção para a transa – e para sentir mais prazer.

40 *Ele e eu pensamos em pessoas famosas enquanto transamos. Pode?*

É perfeitamente normal usar fantasias sexuais, quaisquer que sejam, como recurso para aumentar a excitação e dar mais prazer ao ato sexual. Ao contrário do que se imagina, isso não significa traição. Nem indica, necessariamente, que o relacionamento a dois não vai bem. O que ocorre com muitos casais é que tais fantasias vêm à mente na hora da transa, mas ninguém tem coragem de revelar.

41 *Não consigo transar de luz acesa. Por quê?*

As preferências pessoais variam. Algumas pessoas gostam de luzes apagadas para que possam fantasiar mais durante a transa. Outras, porque têm tabus: ficam com vergonha do parceiro, querem esconder imperfeições do corpo... Se você se encaixa no primeiro caso, relaxe. Mas se está entre as pessoas que apagam as luzes por preconceito ou vergonha, tente desfazer crenças equivocadas. Isso pode estar atrapalhando o seu prazer.

Reações de praze

O corpo se altera na fase de excitação e na hora do orgasmo. Veja o que ocorre na região genital do homem e da mulher.

Órgãos femininos em repouso

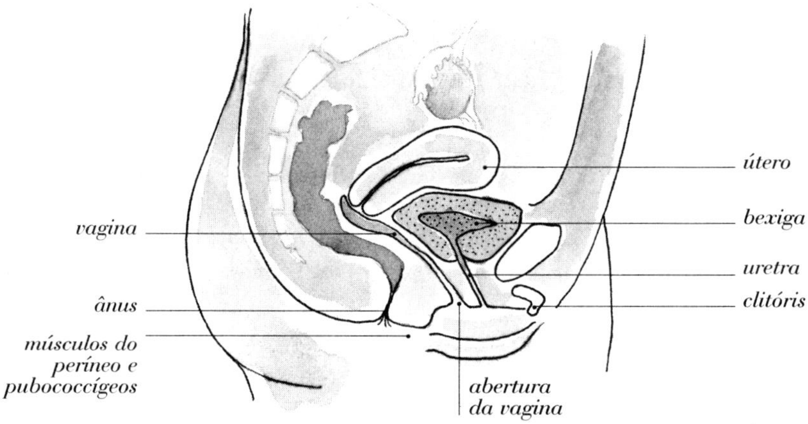

1 Fase de excitação
O útero se eleva da cavidade pélvica. A vagina se alarga e se aprofunda para receber o pênis, liberando líquido lubrificante. Bem perto do orgasmo, o clitóris se retrai.

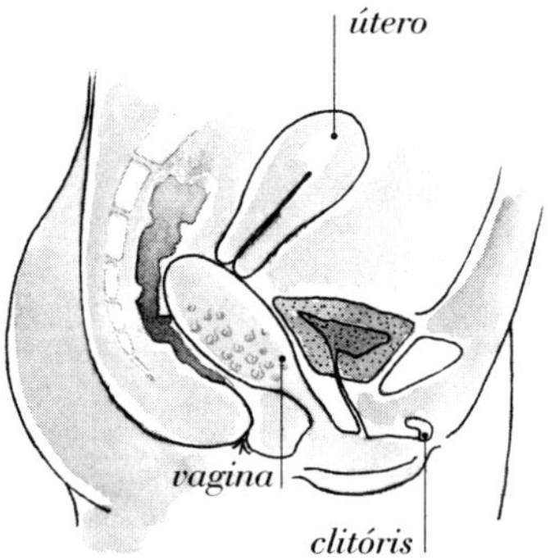

2 Orgasmo
Os músculos do períneo e pubococcígeos se contraem, provocando pulsações na vagina a cada 0,8 segundo. O útero também apresenta contrações.
Essas reações fazem parte do clímax.

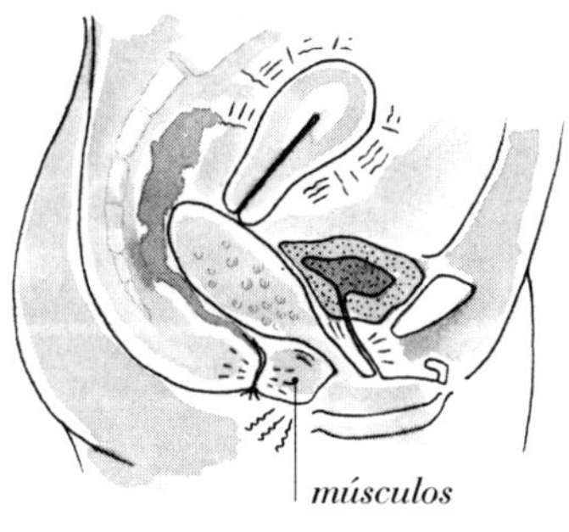

nos genitais

Órgãos masculinos em repouso

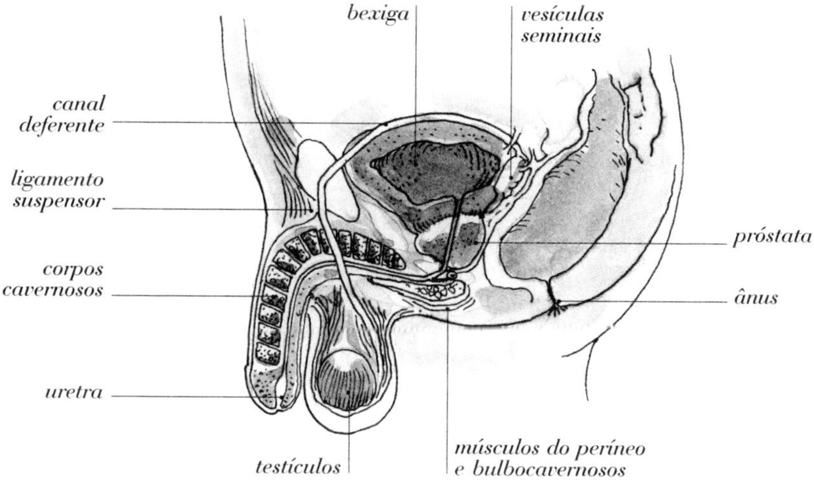

1 Fase de excitação
Os corpos cavernosos se enchem de sangue, dando origem à ereção. Os testículos aumentam de tamanho. Durante a excitação intensa, uma gota de secreção sai da uretra.

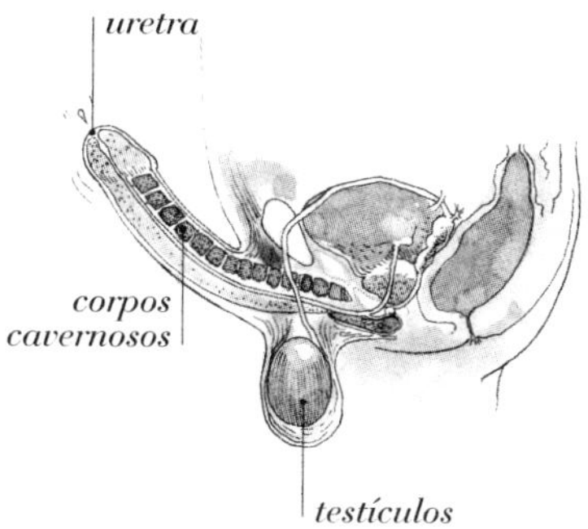

2 Orgasmo
Canal deferente, vesículas seminais e próstata se contraem e depositam o sêmen na uretra. Músculos do períneo e bulbocavernosos se contraem. Causam pulsações no pênis e a ejaculação.

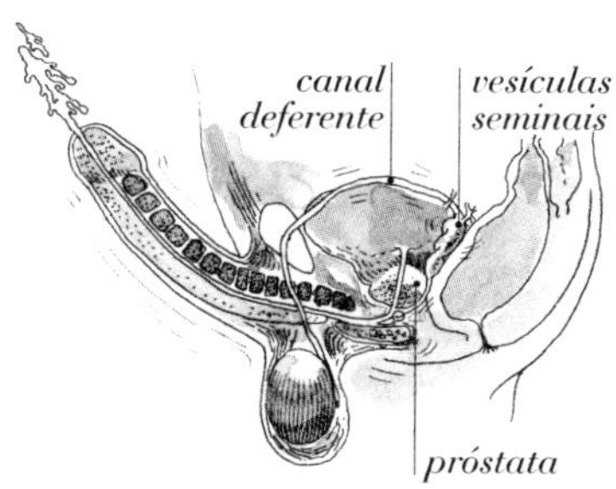

42 *Por que é mais difícil para a mulher ter orgasmo do que para o homem?*

O homem, desde pequeno, aprende que fazer sexo é bom e que não há nada de mais em tocar o pênis, se masturbar... Pelo contrário: é estimulado pelo pai a fazer isso. Já a mulher recebe informações mais negativas do que positivas. Isso muitas vezes causa bloqueios psicológicos e atrapalha a obtenção de prazer.

43 *Por que tenho orgasmos enquanto durmo, sem estimulação física?*

Você deve estar respondendo às fantasias sexuais por meio dos sonhos. Durante o sono, seu corpo descarrega a bateria. Pode ser que descarregue também uma energia sexual acumulada. A mente, mais solta, fica livre de culpa, vergonha e medos. E, por meio dos sonhos, você dá vazão ao desejo – e ao prazer.

44 *Por que sentimos mais prazer na região da vagina e do pênis do que em qualquer outra parte do corpo?*

Porque essas são áreas cheias de terminações nervosas e, com isso, extremamente sensíveis às carícias. O clitóris e a glande (cabeça do pênis) são mais sensíveis ainda. É por isso que os toques nessas áreas geram tanto prazer. Os seios e os mamilos vêm logo em seguida.

45 *Se eu colocar silicone nos seios, corro o risco de perder o prazer ao tocá-los?*

A cirurgia de implante de silicone pode seccionar algumas terminações nervosas e, com isso, diminuir a sensibilidade nas mamas. O risco é mínimo. Mas ele existe. A mulher não pode ignorá-lo.

46 *Depois do orgasmo, meus seios doem. O que há de errado comigo?*

Durante a fase de excitação ocorrem modificações nos órgãos genitais e em todo o corpo. Nas mamas, há uma dilatação dos vasos sangüíneos. Para mulheres com maior grau de sensibilidade, especialmente nos períodos pré-menstruais, é freqüente que surja um certo incômodo na fase de excitação. Mas se a dor é intensa, o ideal é procurar um ginecologista para avaliar o caso. Você pode estar sofrendo alguma alteração hormonal. Nesse caso, será necessário um tratamento para equilibrar os níveis dos hormônios.

47 *O que muda no corpo da mulher durante o prazer?*

Durante o processo de excitação, ocorrem mudanças significativas na região vaginal. Algumas delas: os grandes lábios ficam mais inchados e escuros, pois se enchem de sangue; os pequenos lábios se afinam para facilitar a entrada do pênis; a vagina se alarga e se aprofunda e a lubrificação aumenta também para favorecer a penetração. Além disso, os seios incham e o bico enrijece; a respiração e os batimentos cardíacos aceleram. A pressão sangüínea aumenta. O corpo sua. Numa fase de alta excitação, o útero se eleva e, momentos antes do orgasmo, o clitóris se retrai. Na hora do clímax, ocorrem contrações na área pélvica, que atingem o útero e a região anal. Após o orgasmo, todas essas alterações voltam ao normal.

48 *E no corpo do homem, além da ereção?*

Há alterações semelhantes às que ocorrem no organismo da mulher. As principais: a respiração e os batimentos cardíacos aceleram, a pressão sangüínea aumenta, o homem começa a suar. O tônus muscular fica mais intenso, a região pélvica se enche de sangue, os mamilos enrijecem. Depois do clímax, tudo retorna ao normal.

49 *Eu finjo. E agora?*

Dizer a verdade sempre é melhor. Não adianta mascará-la. Ao abrir o jogo, você pode – e deve – fazer dele seu aliado, para que a ajude a chegar lá. Na primeira pergunta deste capítulo, há uma técnica que envolve o parceiro. Pode ser uma ótima opção para vocês.

50 *Tenho de ter orgasmo sempre?*

Não. Essa obrigatoriedade só faz mal. Você fica ansiosa, começa a se cobrar demais e corre o risco de frustrar-se. Relaxe. Buscar o prazer não significa persegui-lo a todo custo. Deixe o prazer fluir. Quando não se tem a responsabilidade de chegar ao orgasmo, o sexo fica muito mais gostoso.

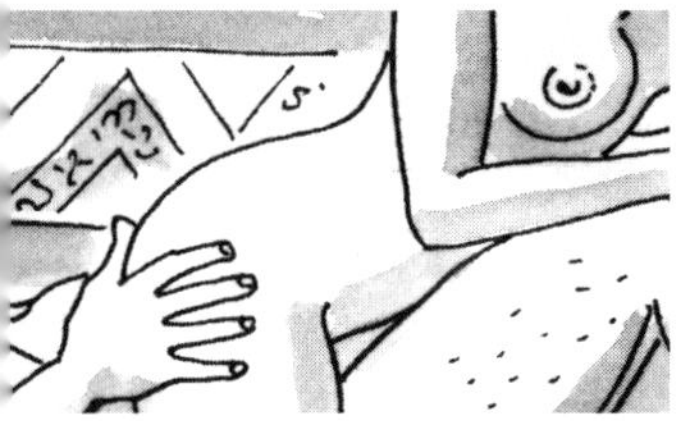

AS 50 PRINCIPAIS DÚVIDAS SOBRE OUSADIAS E FANTASIAS

Capítulo **7**

Ter fantasias todo mundo pode, o quanto quiser. Se dá ou não para colocar todas em prática é uma outra história. Há ousadias e ousadias. Algumas podem ser perfeitamente incluídas no repertório sexual, sendo apenas um ingrediente a mais para o prazer. Outras... melhor deixar só na imaginação.

1 *Devo aceitar sexo a três?*

Depende de você. Não há mal algum em fazer sexo a três, desde que você esteja realmente disposta. É preciso também pesar prós e contras. Você pode buscar novas formas de prazer sempre que desejar. Mas vale a pena ter um cuidado: a prática não deve agredi-la emocional ou fisicamente – nem durante o ato, nem depois. Você quer fazer sexo a três? Ou só vai ceder a um pedido do parceiro? É algo que fere ou não os seus valores? Será que isso vai gerar culpa e arrependimento? Ou não? Mais: está disposta a dividir o parceiro com outra mulher ou com outro homem? E se surgir ciúme? Como pretende lidar com isso? Vai cobrar do parceiro alguma coisa? E se ele cobrar de você? Esse é um bom roteiro de questionamentos internos que você pode fazer para se decidir. Encontre respostas francas para perguntas como essas. Pondere. Avalie seus sentimentos. A decisão cabe exclusivamente a uma única pessoa: você.

2 *Dá para evitar o ciúme?*

Não dá. Nem se vocês dois combinarem de ambos darem mais atenção um ao outro. Na hora, dependendo da excitação, esse acordo pode ir facilmente por água abaixo. É preciso estar ciente de que cada um, em alguns momentos, vai se dedicar mais a uma pessoa do que à outra. Sexo a três é assim. Esse tipo de comportamento não dá para evitar.

3 *É bom?*

É difícil prever se para você será uma experiência boa ou ruim. Algumas pessoas acham que sim, outras não. Avalie o que foi dito nas questões anteriores. Talvez isso lhe dê pistas para encontrar a resposta.

4 *Se eu topar, o sexo normal perderá a graça?*

Você parte do pressuposto de que sexo a três será uma experiência fantástica. E se não for? Muitas vezes, a fantasia é mais interessante do que a realidade. Ao imaginar essa transa, você só coloca ingredientes de prazer. Na prática, as coisas nem sempre sairão exatamente como você quer. Há outras pessoas nesse relacionamento – e elas também têm seus desejos e suas fantasias a realizar. Mesmo que o sexo a três seja uma experiência maravilhosa para você, é improvável que isso tire a graça do sexo a dois. São transas diferentes. A três, conta mais o ingrediente da ousadia. A dois, a cumplicidade e troca de afeto. Quer dizer, podem ser encaradas como relações que oferecem dois tipos de prazer – a serem vividos de acordo com a sua vontade.

5 *É traição?*

Não. Se ambos concordaram em transar a três, não é traição. Foi consentido. Foi combinado. O problema é que, na hora, as emoções às vezes se alteram e o ciúme acaba complicando as coisas. Se um dá mais atenção ao terceiro integrante do relacionamento, o outro se ressente e acha que está sendo traído bem na sua frente. Mas não está. Na verdade, esse é apenas mais um dos aspectos do sexo a três. Quem topa fazê-lo precisa estar ciente de que terá de lidar com isso em algum momento da transa.

6 *Por que ele insiste tanto?*

Transar com duas mulheres ao mesmo tempo é uma das principais fantasias masculinas. Muitos homens pensam que significa prazer em dobro. Também envolve a sensação gostosa de ser o centro das atenções femininas. Isso mexe com o imaginário masculino. Em alguns casos, há até um desejo inconsciente de reunir em uma mesma transa duas mulheres que se complementam: a mulher, que é a companheira do dia-a-dia, e a amante, a parceira de prazeres mais ousados. Veja a seguir um gráfico das principais fantasias dos homens, baseado em dados de uma pesquisa da Sociedade Brasileira de Estudos em Sexualidade Humana. As fantasias das mulheres são bem diferentes...

fantasias femininas

36%

Fazer sexo em lugar romântico, como na praia, numa cachoeira...

24%

Transar com homens famosos

13%

Sexo sendo dominada pelo parceiro

As principais fantasias

Dados de uma pesquisa feita pela Sociedade Brasileira de Estudos em Sexualidade Humana, durante o ano 2000, com 200 homens e 832 mulheres, de 16 a 59 anos:

fantasias masculinas

47%

Transar com duas mulheres ao mesmo tempo

21%

Fazer sexo com mulheres famosas

12%

Sexo grupal

7 *Na prática, sexo com duas mulheres é mesmo maravilhoso para o homem?*

Nem sempre. Na hora, a ansiedade pode atrapalhar o desempenho masculino, prejudicando toda a transa. Há homens que ficam extremamente preocupados com o fato de ter de dar conta de duas mulheres. Pensam: se é difícil satisfazer uma, imagine duas. Preocupações como essa geralmente surtem efeitos desastrosos, como a perda da ereção.

8 *Ele curte me dividir com outro homem na cama. Mas um não toca o outro. Ele é bissexual?*

Alguns estudiosos defendem a tese de que homens que desejam participar de atos sexuais envolvendo mulheres e outros homens são bissexuais não assumidos. Eles teriam um desejo – consciente ou não – de estar ao lado de outro homem, perto do pênis. Por desejar e se excitar com isso, seriam considerados bissexuais. Outros especialistas em sexualidade não enxergam dessa maneira. Uma pergunta: o que isso muda na sua transa? Se você já pratica sexo a três e se sente confortável com esse tipo de relação, qual o problema? O fato de determinar com clareza se o comportamento dele é ou não uma característica bissexual não vai interferir em nada. Bissexualidade, aliás, é uma orientação sexual tão aceitável quanto outra qualquer (veja mais sobre homo e bissexualidade no Capítulo 9).

9 *A dupla penetração – anal e vaginal ao mesmo tempo – traz algum risco físico para a mulher?*

Desde que as coisas sejam conduzidas com um certo cuidado, não. Esse tipo de penetração, como qualquer outro, não deve ser muito brusco. Os parceiros precisam ter uma certa sintonia – e estar preparados para um pouco de malabarismo na cama. Vale lembrar: camisinha sempre!

10 *Sonho em fazer sexo grupal. Adoro me masturbar imaginando vários casais transando ao mesmo tempo. Sou pervertida?*

No mundo imaginário das fantasias, tudo é permitido, nada é anormal. Se essas fantasias a excitam e contribuem para um bom desempenho sexual, por que não tê-las? Mesmo que a fantasia soe como algo incomum, não faz mal algum imaginá-la. Realizá-las, no entanto, é outra coisa. Aí é preciso pensar bem antes de tentar. Como em tudo o que se decide na vida, há sempre prós e contras. Mas, como já foi dito nas perguntas anteriores, a decisão final só cabe a você.

11 *Morro de vontade de transar com um garoto de programa. É errado pensar nisso?*

Não. Você pode ter a fantasia que quiser. A imaginação é um poderoso estimulante sexual. Você não precisa – nem deve – tentar impedir que ela venha à sua cabeça.

12 *E se eu quiser fazer sexo pago? Será que devo?*

Vale a mesma resposta da primeira questão deste capítulo: você decide. Leve em conta, porém, que nem todas as fantasias precisam ser colocadas em prática. Algumas funcionam maravilhosamente bem enquanto fantasia: excitam, dão um colorido especial ao sexo, funcionam como um ingrediente extra para o prazer. Colocá-las em prática tanto pode ser bom quanto ruim.

13 *O que as mulheres que já fizeram sexo pago acham disso?*

As opiniões se dividem. Assim como há quem tenha gostado desse tipo de transa, há quem não tenha se sentido bem. Veja a seguir os depoimentos de duas mulheres. A primeira, a administradora de empresas Renata, 37 anos, de Curitiba, não gostou de sexo pago. A segunda, Cristina, 35 anos, empresária, também de Curitiba, adorou.

"Folheei os classificados. Li: 'Garoto, 22a (anos), procura coroa acima de 35, fofinha.' Fiquei chocada. Pensei na hora: 'Eu? Coroa? Tenho 37 anos, mas não sou uma coroa.' Tentei outro: 'Moreno jambo, 34 anos, 1,85m, 90kg, totalmente livre, socialmente bem-comportado. Sem vícios. Carinhoso e reservado.' E mais outro: 'Hércules – Sigilo e bom gosto. Só para mulheres.' Gostei mais do moreno jambo. Tomei coragem e liguei. Atendeu uma voz masculina. Eu disse: 'Li no jornal...' Ele cortou: 'Qual garoto?'. Eu perguntei 'Você não é o do anúncio?', e ouvi: 'Não. Sou só amigo deles. Você quer falar

com qual?'. Desisti. Era uma agência. Fiquei assustada e desliguei o telefone. Mas, no dia seguinte, liguei de novo. Outra voz atendeu. Pedi para falar com o moreno jambo e ele veio. A voz era de sono, às três da tarde. 'Gata, tô saindo para um compromisso, mas posso te ver amanhã. Tudo bem?' Confirmei. Passei o resto do dia pensando nisso. À noite, tive insônia. Pensei em desistir, mas acordei determinada. Marcamos num shopping, depois do meu trabalho, às 18h30. Não agüentei ir direto pra lá. Saí mais cedo do escritório e passei em casa para me arrumar. Tomei banho, coloquei uma lingerie sexy e uma roupa nova. Era como se eu me preparasse para encontrar um namorado – ou alguém que poderia vir a ser. Identifiquei-o pela roupa: calça branca, camisa verde de manga comprida, como havia dito que estaria vestido. Eu me aproximei dele e o meu coração disparou. Conversamos assuntos bobos no trajeto até o motel. Fomos no meu carro, falando coisas do tipo: 'Tá calor hoje, né?'. Eu não dava espaço para a conversa ficar mais erótica. Estava constrangidíssima. Finalmente, chegamos ao quarto. Eu disse que precisava ir ao banheiro. Fiquei lá por alguns minutos, olhando para o espelho. Quando voltei, ele já estava embaixo do lençol, sem roupa, assistindo a um vídeo pornô. O som era mais ou menos alto. Ele disse: 'Vem cá, o filme tá superlegal.' Fui: me recostei na cama ao lado dele, mas de roupa e por cima do lençol. Alguns minutos depois, ele me puxou para mais perto. Começou a me despir. Não falamos nada. Enquanto ele abria minha blusa, tirava minha saia, eu não conseguia relaxar. Parecia que não estava acontecendo comigo. Ele parou. Respirei aliviada. Mas era só para colocar a camisinha. Fez isso num segundo e já voltou a me tocar. Não me soltei de jeito nenhum. Ele tentou melhorar o clima, falando: 'Relaxa, gata. É assim mesmo... Essa é a sua primeira vez aqui, não é?'. Tive uma crise de choro no banheiro. Me senti suja, imoral. E envergonhada por estar fazendo aquele papelão. Resolvi ir embora dali. Voltei para o quarto e fiquei esperando ele ir ao banheiro. Lembrei do dinheiro. Coloquei perto da camisa dele, que estava jogada numa cadeira. Saímos juntos do motel (eu que paguei, claro) e o deixei perto de um ponto de táxi. Tento apagar a lembrança desse dia da minha memória. Infelizmente, não consigo."

"Ainda sinto o cheiro do motel. O desinfetante no banheiro, o lençol passado e estendido às pressas, para que o segundo ou o terceiro casal pudesse usar aquela cama naquela noite. Entrei. Sentei sozinha na beirada da cama. Ele chegou minutos depois. Era um deus grego: um corpo escultural, malhado em academia, o cabelo com um corte da moda. A camisa e a calça eram de grife, provavelmente presenteadas por uma de suas clientes. Sorri meio sem jeito. Era a minha primeira vez com um garoto de programa. Tinha de ser como eu havia planejado nos meus sonhos: eu esperando num quarto, ele abrindo a porta e vindo satisfazer todos os meus desejos. No telefone, quando marcamos o encontro, combinei preço, duração e detalhei o que queria. Parecia uma mulher fazendo a lista do supermercado: duas vezes sexo oral, uma masturbação, uma transa na hidromassagem, dez cami-

sinhas... Na frente dele, no entanto, toda essa minha desenvoltura desapareceu. Gelei. Não sabia como agir, para onde olhar. Ele, experiente nesse tipo de relacionamento, tomou a frente em tudo. 'Oi, Cris. Cheguei na hora?', perguntou, já me dando um beijo molhado no rosto, no canto da boca, e uma deslizada de mão pelas costas, até o bumbum. Mal respondi e ele já fez outra pergunta: 'Vamos tomar uma bebida? O que você quer?'. Pedi um uísque. Dali pra frente foi indo assim: ele tomava a iniciativa, eu deixava rolar. Não foi preciso cumprir a minha lista de supermercado. Na verdade, nem tive fôlego para tanto. Ficamos três horas no motel, transamos nem sei de quantos jeitos. Tive dois orgasmos. Ele? Gozou só perto da hora de a gente ir embora. Era uma coisa de profissional mesmo: ele me satisfaz, eu pago. Entrei nessa sabendo disso. Não podia esperar mais do que um atleta sexual pode dar. Não adiantava eu querer afeto e cumplicidade, porque isso eu não ia ter. Mas o que eu queria era sexo mesmo. Isso eu tive. E foi bom demais."

14 *Tenho vontade de fingir que sou uma garota de programa, colocar um anúncio no jornal e oferecer sexo por dinheiro. Quero ver como é. Posso?*

Você pode fazer o que quiser, desde que não feche os olhos para as conseqüências que seus atos talvez tragam. Se você quer fingir que é uma prostituta, tem de saber que será tratada como tal. Antes de colocar qualquer tipo de fantasia em prática, é preciso pesar prós e contras. Mas de olhos abertos e de forma sensata – e não movida apenas pelo impulso de realizar um desejo. Assim, fica mais fácil definir até onde você deve ou não ir.

15 *Gosto de transar com estranhos. Sou pervertida?*

Não. Isso é apenas uma preferência sexual. Mas é preciso também estar ciente das implicações desse tipo de prazer. Prepare-se sempre para o imprevisível – tanto para o lado bom quanto para o ruim. Se você não o conhece, não dá para ter a mínima noção do que pode ocorrer na cama. Ou seja, é preciso ter cuidado com a escolha, para não se machucar depois. E valem as recomendações de sempre: camisinha, camisinha, camisinha!

16 *Ele quer enfiar o punho dentro da minha vagina e disse que é um tesão. Tenho medo. Será que machuca muito?*

Essa prática se chama *fist-fucking*. A musculatura que cerca a vagina é bastante elástica, principalmente nas situações de excitação sexual acentuada. Tanto é elástica que permite a passagem de um bebê, cuja cabeça tem diâmetro maior do que um punho. Importa saber, no entanto, se tal prática será prazerosa para você. Se você não sentir prazer na distensão vaginal, pode ser que não produza líquido lubrificante vaginal suficiente e que contraia os músculos da região pélvica. Isso lhe despertará dor, em vez de prazer.

17 *Tenho vontade de usar um vibrador gigante. Dá algum prejuízo físico?*

A capacidade de dilatação da vagina é grande. Mas é sempre bom ir com calma: o ideal é usar lubrificante e introduzir o vibrador lentamente, testando você mesma a sua capacidade vaginal.

18 *Ele tem um tesão estranho: com uma mulher pisoteando de leve o abdome. Isso é uma doença?*

Isso não é necessariamente uma doença, mas um desvio sexual: esse é o nome que se dá quando a pessoa tem prazer em situações pouco comuns. É um caso típico de sadomasoquismo – o prazer obtido pelo fato de provocar ou de sentir dor. A tendência atual dos estudiosos é não considerar os desvios sexuais como doença, desde que sejam práticas de comum acordo. Quer dizer, prazerosas para ambos. E que não agridam nem o físico nem o emocional das pessoas que dela participam.

19 *Ele sente um enorme prazer se aperto seus testículos até doer. Ele é normal?*

É um caso parecido com o da pergunta anterior, de prazer associado à dor. Quem gosta de sentir dor é considerado masoquista. Quem gosta de proporcioná-la é sádico. Os que curtem tanto uma coisa quanto a outra são os sadomasoquistas. No caso do seu parceiro, não significa que seja um pervertido ou algo parecido. É apenas uma preferência incomum. Se isso traz ou não risco para os genitais dele, vai depender da freqüência com que a atividade é praticada e da intensidade da pressão. É sempre aconselhável uma visita periódica a um urologista.

20 *Ele quer dar tapas no meu bumbum. Deixo ou não?*

Esse tipo de jogo erótico pode ser excitante, mas é você quem deve decidir se quer ou não incluí-lo no seu repertório sexual. Isso dá tesão a você? Ou a incomoda de alguma forma? Responda a essas perguntas antes de se decidir. Avalie, também, outro ponto importante: a intensidade desses tapas. É moderada ou intensa? Até onde você quer topar? Combine tudo isso com o parceiro antes de partir para a ação. Lembre-se: para o jogo erótico ser prazeroso, é preciso que tanto ele quanto você estejam a fim de participar. Aí, não há problema.

21 *Ele me xinga na cama. Aceito ou brigo com ele?*

Vale o mesmo da pergunta anterior: você gostaria de topar esse tipo de estimulação? Se você quer, tudo bem. Mas não ultrapasse o seu limite. Na cama, vá apenas até onde você acha que deve ir.

22 *Ele pediu que eu o asfixiasse na cama. Será que ele tem algum problema psicológico?*

A chamada asfixia sexual é uma prática de grande risco, embora seus praticantes afirmem que essa diminuição da oxigenação aumenta o prazer sexual. Esse tipo de relação pode ocasionar algumas doenças, como problemas de coração. Pior: é possível que fuja ao controle e leve à morte. Em geral, curtir esse tipo de prazer indica realmente a presença de algum problema emocional. Para avaliar o caso com mais exatidão, no entanto, só mesmo durante um processo de terapia.

23 *Ele quer que eu fique imóvel durante a transa, de olhos fechados, como se estivesse morta. Devo topar?*

Essa é uma preferência sexual bem estranha. É possível que ele seja portador de uma forma branda de um tipo de perversão: a necrofilia, que é o interesse erótico por cadáveres. Existem casos em que os praticantes de necrofilia, ao não conseguir realizá-la plenamente, convencem a parceira a simular a morte com a imobilidade. Isso às vezes é acompanhado de outro estranho pedido: que a mulher tome um banho frio, para a temperatura corporal baixar. Necrofilia é caso de tratamento. O melhor a fazer é buscar a ajuda de um psicoterapeuta.

24 *O que é exatamente uma perversão?*

Comece entendendo bem o que significa desvio: é quando o objeto de desejo ou a prática sexual foge do convencional. Mas o desvio não chega a causar danos à saúde física ou emocional dos praticantes, desde que consentido por todos os envolvidos nessa relação. Já a perversão é uma atitude extrema, que causa graves prejuízos para os praticantes. Para entender melhor: gostar de dar leves tapas no bumbum é um desvio; sentir prazer em usar objetos que ferem gravemente uma pessoa é uma perversão.

25 *Tenho a fantasia de ser estuprada. O que está acontecendo comigo?*

Essa fantasia pode traduzir uma vontade de ser profundamente desejada por um homem – a tal ponto que ele até perca a cabeça e seja capaz de cometer um estupro. Não significa que você queira, de fato, ser estuprada. Não se desespere. É apenas uma fantasia. E deve ser encarada como o que realmente é: apenas imaginação.

26 *Às vezes, brinco de estupro com meu namorado, mas depois me sinto culpada. Posso fazer isso sem medo?*

Nos jogos amorosos você pode usar qualquer recurso, desde que não seja prejudicial à sua saúde física ou emocional – nem à do outro. Se o namorado topa a brincadeira, tudo bem. Mas é bom estar muitíssimo claro que isso é apenas uma brincadeira. Caso contrário, as conseqüências podem ser realmente desagradáveis.

27 *Ele quer que eu perca a virgindade com outro homem. Qual o problema dele?*

Há algumas possíveis explicações. Talvez ele esteja apenas tentando testá-la, para ver até onde você é capaz de ir ou não. Ou tentando fugir da responsabilidade da primeira vez: ele pode estar com medo do próprio desempenho (perder a ereção, ejacular precocemente...) – e não quer correr o risco de uma frustração. Converse com ele. Essa é sempre a melhor forma de esclarecer as coisas.

28 *Ele adora que outros homens me vejam nua. Por quê?*

Esse é um caso de um desvio denominado exibicionismo: a pessoa se excita com a possibilidade de provocar excitação em outras pessoas – seja com o próprio corpo ou com o corpo da parceira. A situação pode tomar rumos problemáticos se ele passar a vivenciá-la de forma obrigatória. Ou seja, se apenas se excitar nas situações de exibicionismo. Se isso ocorrer, é conveniente que ele seja submetido a um aconselhamento psicológico. Enquanto for ocasional, apenas como uma forma de apimentar o relacionamento, não é preciso se preocupar. Mas você deve, antes de tudo, levar em conta o seu grau de constrangimento e de prazer nessa prática.

29 *Ele quer me ver transando com outro homem. É errado?*

Isso é característica de um *voyeur*: uma pessoa que se excita ao observar atos eróticos praticados por outros. As práticas sexuais de um casal, desde que sejam de comum acordo e prazerosas para ambos, não são erradas. Mas cabe apenas ao casal decidir o que deve ou não ser incluído no repertório sexual.

30 *Tenho ciúme da coleção de revistas pornôs dele. Estou exagerando?*

Sim. A não ser que seu parceiro só se masturbe – e não faça sexo com você. Se o caso não é esse, você não deve se preocupar tanto. Nem se incomodar.

31 *Ele gosta de ver filmes pornográficos sozinho. Devo me preocupar?*

Não há nada de mal nisso. A não ser que ele se torne um dependente desse recurso e que não consiga se excitar com outras coisas. Caso contrário, relaxe. Essa é só mais uma das maneiras prazerosas de viver a sexualidade.

32 *Fico excitada ao assistir a filmes eróticos de homens homossexuais. Sou anormal?*

Essa preferência é bem incomum, mas você não é a única mulher que se excita com isso. Não é necessário se preocupar. Cada pessoa vê erotismo em uma coisa. Não há nada de errado nisso.

33 *É errado fazer sexo virtual em salas de bate-papo erótico?*

Não. É como se masturbar vendo um filme, olhando uma revista ou fazendo sexo por telefone. Pode ser muito excitante e prazeroso. Se você quer fazer esse tipo de sexo, deixe de lado a culpa. Ela só atrapalha.

34 *É traição?*

Essa é uma questão polêmica. Há quem acredite que, se você estiver apenas observando e se masturbando, não é traição. Mas se você interagir com a outra pessoa, mesmo que por meio de um computador, é infidelidade. Uma maneira de lidar com isso: discutir a questão com o parceiro. Cada casal pode – e deve – encontrar as suas próprias regras. Deixar tudo bem esclarecido é sempre uma boa opção.

35 *Flagrei meu namorado vendo sites de mulheres amputadas, sem braços nem pernas, nuas e mantendo relações. Como é possível alguém se excitar com isso?*

A excitação com pessoas que sofreram amputações ou que apresentam deformidades é um desvio raro, chamado de acrotomofilia. Essa preferência indica alguma interferência marcante do passado, que só poderá ser bem esclarecida em um processo psicoterápico.

36 *Flagrei meu namorado assistindo a uma cena de mulher transando com cachorro. Ele é doente?*

Assistir ao que se chama de sexo bizarro pode ser excitante para algumas pessoas. Como já foi dito em perguntas anteriores deste capítulo, não há mal algum em observar ou fantasiar. Colocar em prática é que é outra história.

37 *E se a pessoa resolver transar com um animal? É errado?*

Essa prática é chamada de bestialismo ou zoofilia. Trata-se de um desvio sexual, ou seja, um tipo de prazer pouco comum. Não dá para tachar de certo ou de errado. Pode ser certo para uns e errado para outros. Depende da visão que cada pessoa tem da sexualidade. Não chega a ser uma doença, mas sim uma maneira de obter prazer que foge aos padrões seguidos pela maioria das pessoas.

38 *Faço sexo com cachorro. Faz mal à saúde?*

No que diz respeito à saúde física, não há com que se preocupar. As infecções dos animais não são transmissíveis aos seres humanos. Porém, sob o aspecto de saúde emocional, a coisa é diferente. Algumas vezes, a prática de algo incomum (um desvio sexual) é apenas uma busca de variedade e não indica necessariamente um problema. Porém, se você só consegue ter prazer desse jeito, isso pode indicar algum problema psicológico mais sério.

39 *Meu parceiro urinou em cima de mim. O que é isso?*

É outro desvio sexual. A pessoa sente prazer pela urina: ao urinar, ver alguém urinando ou apenas ouvir. Em alguns povos isso não é considerado um desvio: é cena comum em filmes eróticos italianos. Vale a regra de sempre: se essa prática a incomoda, não aceite participar dela.

40 *Ele só transa se eu estiver de salto alto. Devemos procurar ajuda?*

Não necessariamente. Isso é o que se chama de fetichismo: a pessoa se excita com determinados objetos, como sapatos de salto alto, roupas de couro, máscaras... É considerado um desvio sexual, pois foge aos padrões. Mas não é uma doença. Trata-se apenas de uma preferência sexual incomum. Se isso não a incomoda, não há mal algum em satisfazer esse desejo.

41 *Ele morre de tesão por grávidas. Quando transa comigo, pensa numa grávida. Isso é normal?*

Se a pessoa só tem tesão dessa forma, há algo errado. Se o desejo está condicionado à presença de gravidez, até mesmo nas fantasias sexuais, ele possivelmente está com algum problema que requer tratamento. É preciso buscar alguma forma de terapia, para que os motivos que o levam a essa preferência sejam analisados.

42 *Ele sente desejo sexual pela própria irmã. O que faz um homem ter esse tipo de atração?*

O incesto é uma prática condenada em praticamente todas as sociedades. Talvez justamente o fato de ser culturalmente proibido é que o torna, para alguns, algo excitante. Manifestar esse tipo de interesse sexual é indício de que algo está mal direcionado na sexualidade. Nesses casos, buscar a ajuda de um psicólogo pode ser a melhor opção.

43 *Ele teve uma ereção quando nossa filha de cinco anos tocou seu pênis. É doente?*

Não. Isso pode ter sido uma resposta quase que involuntária do seu corpo a um estímulo. Não quer dizer necessariamente que sinta tesão por crianças e que queira transar com elas.

44 *Pedofilia é crime?*

Sim. Não só é crime como é um ato que pode gerar traumas profundos nas crianças vítimas desse tipo de prática. A pedofilia se caracteriza pela atração sexual por crianças. Vai desde atos obscenos até a relação sexual propriamente dita. Uma das características de quem recorre a essa prática é o fato de reproduzir algo que viveu na infância ou na adolescência: a pessoa foi vítima do pai ou da mãe, de um tio ou uma tia, do avô, da babá... Ou seja, hoje reproduz o modelo. O tratamento? Recorrer à psicoterapia o mais rápido possível.

45 *É verdade que em algumas culturas as crianças transam com os pais ou com outros adultos?*

Sim. Algumas culturas, na Índia e na Nova Guiné, por exemplo, aceitam a prática de pedofilia. Mas isso é raro. São hábitos culturais muito diferentes dos nossos. Não dá para usar isso como desculpa para praticar pedofilia. Pelos nossos padrões, é uma visão distorcida da sexualidade. É crime. O melhor é buscar a ajuda de um terapeuta.

Teste

Você é compulsiva?

Se a maioria das respostas for sim, talvez seja a hora de você buscar ajuda de um psicoterapeuta para lidar com a sexualidade.

Você...

... não consegue se concentrar em outra coisa a não ser em sexo.

... não presta atenção ao trabalho, às tarefas do dia-a-dia.

... quer fazer sexo de qualquer forma, não importa com quem.

... quer sempre mais, mesmo exausta de várias relações seguidas.

... passa o dia fazendo planos para conseguir ter outra relação sexual.

... nem sempre se sente fazendo sexo com uma pessoa, mas com uma coisa ou uma parte do corpo, como o pênis.

... se masturba o tempo todo, até nos intervalos das relações.

... se deprime se não consegue transar na hora em que deseja.

... mesmo chegando ao orgasmo, não se satisfaz.

46 *Só consigo transar de roupa. Isso é normal?*

Ao que tudo indica, você tem uma visão um pouco distorcida de sexualidade. Para pessoas que cresceram ouvindo coisas negativas sobre sexo ("é sujo e feio" etc.) é muito difícil encará-lo como algo bom.

47 *Tenho vontade de transar várias vezes durante o dia. Sou viciada em sexo?*

Depende da intensidade dessa sua vontade de transar e o que esse desejo a obriga a fazer. O compulsivo sexual passa o dia inteiro procurando uma forma de saciar a vontade de sexo. Tudo o que a pessoa faz é em função do sexo: passa o dia inteiro planejando – e encontrando – um jeito de transar. Mas nunca fica satisfeita, mesmo após várias relações. Como o sexo não sai da cabeça, não consegue desenvolver nenhuma outra atividade de maneira satisfatória. Não se concentra no trabalho, não se relaciona direito com pessoas com as quais não vê possibilidade de sexo... Ou seja, a vida gira em torno da busca incessante de prazer.

48 *Todo dia eu me masturbo seis, sete, oito vezes. Quer dizer que sou compulsiva?*

Talvez. É importante levar em conta que, em algumas fases da vida, como na adolescência ou no começo da vida sexual, é natural uma freqüência grande de masturbação. É um período de descoberta, que após algum tempo acaba passando. Para saber melhor, avalie as questões levantadas na pergunta anterior. Ou procure um terapeuta. O teste da página 155 também pode ajudá-la a identificar se há ou não compulsão.

49 *Compulsão sexual tem tratamento?*

Tem. Você pode combatê-la com terapia e, em alguns casos, também com tranqüilizantes, receitados por um médico. Grupos de auto-ajuda, que funcionam nos moldes dos Alcoólicos Anônimos, são outra boa opção.

50 *Ele só fica excitado com ousadias, mas eu não. Devo ceder aos pedidos dele?*

Se isso a incomoda, não faça. Há pessoas que se sentem bem ao viver relações sadomasoquistas. Para outras, isso provoca culpa, arrependimento, crises emocionais. É tudo uma questão de realmente desejar entrar ou não nesse jogo. Ceder só para agradar o outro jamais pode ser considerado a melhor opção.

AS 25 PRINCIPAIS DÚVIDAS SOBRE HOMOSSEXUALIDADE E BISSEXUALIDADE

Capítulo **8**

"Será que ele é?" "Será que eu sou?" Essas dúvidas incomodam grande parte das mulheres e dos homens. E se você for? Será que há mesmo algum problema?

1 *Tive uma relação homossexual na adolescência. Quer dizer que sou lésbica?*

Não. Há uma grande diferença entre experimentação e comportamento freqüente. Se você não se sente atraída por mulheres, não significa que virou lésbica só porque experimentou esse tipo de relação. Algumas pessoas experimentaram drogas na adolescência, mas não é por isso que hoje são consideradas viciadas. O mesmo se aplica a uma experiência homossexual.

2 *Gosto de homens, mas ver o corpo de outras mulheres me excita muito. Sou bissexual?*

Se você as deseja sexualmente, isso quer dizer que sim, você é bissexual. A bissexualidade é caracterizada pela atração por pessoas de ambos os sexos. Essa orientação sexual é bem mais comum do que se pensa. E não tem nada de anormal: é apenas uma variação sexual.

3 *Se eu apenas desejar uma amiga minha, mas não transar com ela, mesmo assim significa que sou bi?*

Sim. Não é necessário que a relação sexual se concretize para significar que a pessoal é bissexual. Basta ter desejo. Quanto a colocar em prática ou não, isso é outra história. É uma decisão que só cabe a você.

4 *Gosto de assistir a filmes de lésbicas e imaginar cenas de mulheres nuas. O que é isso?*

Enquanto ficar na imaginação, trata-se apenas de uma fantasia erótica. Não tem nada de mais. Você pode ter a fantasia que quiser. Isso não quer dizer bissexualidade. Não se preocupe. Você pode curtir tranqüilamente as suas fantasias. Dar asas a elas só faz bem à vida sexual.

5 *Estava na casa da minha melhor amiga e... rolou sexo. E agora?*

Você gostou? Quer fazer de novo? Ou prefere parar por aí? A decisão é só sua. Se o que a preocupa é saber se virou ou não bissexual, vale o mesmo da primeira pergunta deste capítulo: experimentar é uma coisa; comportamento freqüente é outra. Se há desejo para mais, você é, sim, bissexual. Caso contrário, não é.

6 *Posso trazê-la para a transa com meu namorado? Ou vou me dar mal?*

É impossível fazer uma previsão. O que você precisa levar em conta é o seguinte: relação a três pode despertar ciúme. Esse é um dos principais pontos a avaliar antes de se decidir (veja mais a respeito de sexo a três no Capítulo 7, sobre ousadias e fantasias).

7 *O que leva uma pessoa a ser homo ou bissexual?*

Ao que tudo indica, a orientação sexual é determinada, principalmente, por fatores que começam a ser desencadeados na infância, como tipo de criação, ambiente em que se vive e relacionamento com os pais e a família. Acredita-se também que a isso se soma algum componente hereditário ainda desconhecido. Importante lembrar: ninguém acorda um dia e diz "vou ser hetero, bi ou homossexual". Isso ocorre independentemente de nossa vontade consciente.

8 *Sou lésbica. Sou normal?*

Claro que é. Uma pessoa bissexual ou homossexual é tão normal quanto uma heterossexual. Você só difere por não se erotizar exclusivamente com pessoas do sexo oposto.

9 *Isso não é doença?*

De jeito nenhum. Trata-se apenas de uma característica apresentada por algumas pessoas.

10 *Dá para deixar de ser homo ou bissexual?*

Não há como mudar isso. Por mais que você se esforce, essa tendência não pode ser alterada. O que dá para fazer é reprimi-la, não transando com pessoas do mesmo sexo. Porém, a tendência não deixa de existir.

11 *Muita gente é assim?*

Estima-se que cerca de 6% dos homens e 4% das mulheres direcionam seu interesse sexual para pessoas do mesmo sexo. Ou seja, são homossexuais. Uma parcela ainda indeterminada, mas aparentemente numerosa, dirige sua eroticidade para pessoas de ambos os sexos. São os bissexuais.

12 *Eu me sinto culpada por ser bissexual. O que eu faço?*

A primeira coisa é entender que não há razão para culpa. Ninguém decide essa preferência por vontade própria, como já foi dito nas perguntas anteriores. Isso ocorre mesmo contra a sua vontade. Bissexualidade não é doença nem algo errado. É apenas uma orientação sexual diferente da maioria. Procure relaxar. Não faz bem se torturar por causa disso.

13 *Ele se masturba acariciando o ânus. É gay?*

Ter prazer com carícias anais não significa homo ou bissexualidade. Acreditar que uma coisa está ligada à outra é uma visão equivocada da sexualidade.

14 *E se ele quiser que eu introduza um vibrador em seu ânus?*

Tanto a mulher quanto o homem podem ter como zona erógena a região anal. O que ocorre é que nossa cultura, muito preconceituosa, associa indevidamente prazer anal com homossexualidade masculina. O fato de seu namorado gostar e se excitar com toques na região anal não tem nada de anormal, nem é indício de tendências homossexuais. O homossexual é aquele que se excita com uma pessoa do mesmo sexo – não quem sente tesão nessa ou naquela parte do próprio corpo.

15 *Ele gosta de fazer masturbação mútua com o amigo, mas diz que é só brincadeira. Será?*

Na verdade, ele é bissexual. Mas isso não deve fazer com que ele se sinta culpado. A orientação sexual não é uma escolha voluntária. Ninguém simplesmente decide que será heterossexual, homossexual ou bissexual. Isso ocorre naturalmente.

16 *Descobri que ele participava de masturbações masculinas coletivas na adolescência. O que devo concluir dessa história?*

É comum os adolescentes fazerem experiências sexuais com outros do mesmo sexo. Mas, na maioria das vezes, isso pára por aí. É apenas uma fase de testes. Não é suficiente para determinar a homo ou bissexualidade.

17 *Ele estava bêbado e dormiu com um homem. Virou homossexual?*

O fato de ele ter tido essa experiência não tem, em si, nada de preocupante. Muitos homens heterossexuais participaram de atos homossexuais, especialmente na infância. Se ele não tem desejo de repetir a experiência, isso não é o suficiente para rotulá-lo de homossexual. Entretanto, o peso da culpa que ele está sentindo deve ser muito forte. Isso, sim, é motivo de preocupação, pois pode repercutir na vida sexual e afetiva dele e também na sua.

18 *Ele faz a parte ativa da transa. É ou não gay?*

Ele é gay. Não importa que tipo de sexo ele faz nem qual papel desempenha na cama. O que conta é que ele deseja e se estimula com outra pessoa do mesmo sexo.

19 *E se ele transar com um travesti?*

Vale o mesmo raciocínio da questão anterior: ele é homo ou bissexual.

20 *Transa entre homens causa mais doenças do que o sexo com a mulher?*

Se os parceiros se protegem com preservativo, não há com que se preocupar. Sem o uso de camisinha, entretanto, a relação anal pode ser uma grande transmissora de doenças. Isso porque a penetração provoca microcortes no ânus. Eles são portas de entrada para vírus e bactérias.

21 *Como me proteger para transar com outra mulher?*

Você deve usar camisinha feminina para o sexo oral. Quanto à prática chamada de tribadismo, que é o atrito entre os órgãos sexuais, fica mais difícil de se proteger. Mas há uma saída, porém um pouco desconfortável: cobrir a região vaginal com uma camada de plástico extrafino (aquele que se usa na cozinha para empacotar alimentos). Equilibrá-lo no lugar é um desafio. Mas vale a pena tentar.

22 *Se eu e ela usarmos o mesmo vibrador, corremos o risco de pegar alguma doença sexualmente transmissível?*

Sim. O vibrador pode transportar bactérias e vírus de uma para a outra. O ideal é não compartilhá-lo. Ou recobri-lo com camisinha e trocá-la a cada vez que a outra for usar o aparelho.

23 *É possível contrair o vírus da Aids numa relação lesbiana?*

É raro, mas não impossível. Os cuidados devem ser os mesmos de uma relação heterossexual: camisinha para sexo oral, camisinha no vibrador...

24 *Masturbação entre mulheres transmite doenças?*

Não. Nem entre homens. A não ser que haja lesões na pele, como cortes não cicatrizados.

25 *Morro de vontade. Experimento ou não?*

Essa é mais uma questão em que não há como opinar. Só você pode decidir. Não há mal algum em experimentar, desde que você realmente esteja disposta a isso. Reflita sobre seus reais desejos, pese prós e contras. Esse é o melhor jeito de tomar uma decisão – e de não se arrepender depois.

AS 50 PRINCIPAIS DÚVIDAS SOBRE DOENÇAS SEXUALMENTE TRANS-MISSÍVEIS

Capítulo **9**

"Em mim, não pega." Grande parte das pessoas que se vê, de repente, com uma doença sexualmente transmissível pensava exatamente dessa maneira. Não há saída: é preciso usar camisinha. Quem não usa, corre, sim, o risco de se contaminar.

1 *Apareceu uma bolinha na minha vagina. O que é?*

Essa verruga é o sintoma da doença sexualmente transmissível que mais tem crescido entre as mulheres: o Papiloma Vírus Humano (HPV), também chamado de condiloma acuminado ou crista de galo. Surge tanto na região pélvica feminina (vulva, colo do útero, ânus, uretra) quanto na masculina (pênis, ânus, uretra). Porém, nos homens esse sintoma é mais raro. Neles, costumam aparecer lesões que não são visíveis a olho nu. Muitas vezes, isso faz com que a doença passe despercebida. As mulheres também correm o risco de não perceber o HPV: há casos em que as verrugas surgem apenas na parte interna, como no canal vaginal ou no colo do útero.

2 *É verdade que posso ter HPV na garganta?*

Sim. É raro, mas pode ocorrer. As verrugas podem surgir na garganta – do homem ou da mulher – como uma conseqüência do sexo oral sem preservativo.

3 *A verruga não me incomoda. Posso deixar pra lá?*

De jeito nenhum. Se ela não for removida, pode se multiplicar. Além disso, o HPV pode facilitar o aparecimento de doenças mais graves, como o câncer de colo de útero. Em casos raros, as verrugas podem crescer a ponto de bloquear os orifícios da vagina, do ânus e da uretra. O ideal é procurar um ginecologista assim que perceber esse tipo de sintoma.

4 *Como é feito o tratamento?*

A primeira coisa é remover as verrugas, por meio de aplicação de substâncias químicas. As mais resistentes têm de ser retiradas cirurgicamente. Porém, isso não dá garantia de que o vírus tenha sido completamente erradicado do organismo. As verrugas podem ressurgir em momentos de baixa resistência do corpo. Nos homens, cujas lesões geralmente não são visíveis, o tratamento é feito à base de cremes e pomadas. Importantíssimo: usar preservativo é parte fundamental do tratamento. Isso impede que o vírus fique indo e vindo de um parceiro para o outro.

5 *E se ele não apresentar lesões? Mesmo assim é preciso usar camisinha?*

Claro que sim. Se o vírus está no organismo, há sempre a possibilidade de contaminação, mesmo sem a existência de lesões visíveis a olho nu.

6 *HPV tem cura?*

Tem controle. Mas é preciso ter paciência, pois o vírus demora a sair do organismo: leva em média de dois a três anos. Há estudos que comprovam que, em alguns casos, o vírus é tão resistente que sobrevive 10, 15 anos no corpo.

7 *Os exames revelaram que o vírus sumiu. Só que a verruga do HPV voltou a aparecer. Por quê?*

Nenhum exame pode comprovar que o vírus tenha desaparecido do corpo de alguém. O máximo que os exames são capazes de revelar é que não foram encontrados vírus no local pesquisado (colo do útero, uretra...). Mas o vírus pode estar no organismo, escondido, incubado.

8 *Pode ser transmitido por toalha de banho ou sabonete?*

Isso é raro, mas pode ocorrer, sim. O vírus tem vida curta. Quer dizer, morre algum tempo depois de entrar em contato com o ar. Porém, se você utilizar a toalha ou o sabonete de uma pessoa contaminada logo depois de ela ter usado, há chances de o vírus ser transmitido. Não custa nada evitar.

9 *É verdade que causa câncer?*

Pode, sim, facilitar o aparecimento dessa doença, principalmente no colo do útero. Estima-se que 3% das mulheres que contraem HPV desenvolvem câncer de colo uterino. Existem dezenas de tipos de vírus HPV – alguns mais agressivos, outros menos. Alguns conseguem misturar seu material genético com o material genético das células do colo uterino. Isso favorece o desenvolvimento de células com núcleos atípicos, que podem originar câncer, especialmente em mulheres hereditariamente propensas a esse tipo de doença.

10 *Como se pega herpes labial? É só com beijo?*

Na maioria das vezes, sim. Porém, há casos de aparecimento de herpes labial na região pélvica, tanto do homem quanto da mulher. A transmissão é feita por meio do sexo oral sem preservativo: quando o parceiro portador de herpes labial faz sexo oral no outro. Isso ocorre geralmente em períodos em que os sintomas da doença (bolinhas ou feridas) se manifestam. Por isso, vale lembrar: use camisinha! Outra sugestão: nos períodos em que as lesões aparecerem na boca, evite fazer sexo oral no parceiro.

11 *E herpes genital? Dá para pegar na boca?*

É raro, mas pode ocorrer. O processo é parecido com o descrito na questão anterior. A transmissão ocorre quando o parceiro infectado com herpes genital recebe sexo oral. Nesse caso, quem está fazendo a carícia é que se contamina.

12 *Herpes tem cura ou não?*

Infelizmente, ainda não há. Os sintomas vão e voltam: as bolinhas surgem, cicatrizam espontaneamente e, após dois ou três meses, ressurgem. Ou reaparecem nos períodos de baixa resistência do organismo.

13 *O que eu faço, então, se eu pegar essa doença?*

É possível tornar a manifestação do herpes menos aguda e menos freqüente. Ou seja, dá para espaçar um pouco mais o surgimento das lesões e torná-las menos intensas. Há medicamentos, pomadas e vacinas com esse objetivo. Cada organismo reage de uma forma a esse tipo de tratamento. Em algumas pessoas, o resultado é excelente. Em outras, nem tanto. Procure não ter atividade sexual durante as crises de herpes, pois nessas fases a doença é extremamente contagiosa. Além disso, a ereção e a penetração são bastante dolorosas durante o aparecimento das bolinhas e das feridas. Vale lembrar (de novo e sempre!): usar camisinha é fundamental para a proteção de vocês dois.

14 *Tenho herpes genital. Posso ter parto natural sem risco de contaminação para o bebê?*

A fase de contaminação do herpes é aquela em que há lesões abertas: quando as bolinhas se rompem. Se o parto ocorrer fora de um desses períodos, não há o que temer. Porém, se a mulher entrar em trabalho de parto durante um surto agudo, é preferível que faça uma cesariana, senão ela pode contaminar o bebê.

15 *Tenho bolinhas duras e escuras na vagina. O que é?*

A região em torno da vagina apresenta glândulas sebáceas e sudoríparas. Essas glândulas eliminam suas secreções através de um conduto, por onde também sai o pêlo (chamado folículo piloso). Em algumas mulheres, as alterações hormonais desencadeadas antes da menstruação facilitam a inflamação desse folículo: talvez sejam essas bolinhas duras e escuras. Procure um médico para saber ao certo. Talvez seja o caso de recorrer ao auxílio de um dermatologista.

16 *Qualquer tipo de sexo pode transmitir Aids?*

Sim. O risco é maior no contato do pênis com o ânus. Em seguida, vem a penetração vaginal. Esses são os dois tipos de sexo em que o risco de transmissão é maior. Mas, apesar de raro, é possível pegar ou transmitir o vírus por meio de sexo oral. Quanto à masturbação, o contágio só ocorre se houver lesões na pele: em contato com o sangue ou o esperma contaminado, podem ser portas de entrada para o vírus.

17 *Posso pegar Aids dando um beijo de língua?*

Lesões são sempre portas de entrada para o vírus, em qualquer parte do corpo. Se houver lesões na boca, o vírus pode entrar através de um beijo. Isso é raríssimo. Mas pode ocorrer.

18 *O risco de contrair Aids ao praticar sexo oral numa mulher menstruada é maior?*

Sim. A menstruação pode conter o vírus da Aids. Se houver uma lesão na boca de quem pratica o sexo oral, a possibilidade de transmissão da doença é maior.

19 *Ele e eu somos soropositivos. Precisamos usar preservativo?*

Claro que sim. Embora pareça desnecessário, o uso do preservativo é fundamental para não aumentar a carga viral de cada um de vocês. Se, a cada relação, você passar uma quantidade de vírus para ele – e ele passar outra para você –, o resultado é um aumento de vírus no organismo de cada um. Ou seja, mais munição para a doença.

20 *Outras DST facilitam o aparecimento da Aids?*

Sim. As DST cujos sintomas são feridas e lesões, como o herpes, o cancro mole e a sífilis (cancro duro), abrem portas de entrada para o vírus da Aids.

21 *Corrimento é doença?*

Nem sempre. Se ele não tiver cheiro e não provocar coceira ou ardor, pode ser apenas uma secreção vaginal natural. De qualquer forma, o ideal é procurar um ginecologista para verificar exatamente do que se trata, se há ou não necessidade de tratamento.

22 *Minha vagina coça demais. O que é isso?*

Pode ser sinal de infecção. A mais comum é a vaginite, que é causada por tipos diferentes de germes. Nem sempre é propagada por ato sexual. Pode simplesmente surgir em períodos de baixa resistência do organismo: os germes já existentes no corpo encontram ambiente favorável para se proliferar. Coceira nos genitais também pode ser sinal de contaminação por herpes. Procure um ginecologista. Qualquer que seja o seu caso, é necessário buscar tratamento adequado para que o problema não se torne maior.

23 *O que é candidíase?*

É uma infecção causada por um fungo microscópico chamado Candida. Ele está presente no ambiente (ar, água...) e habita a vagina e o intestino de mulheres saudáveis. Se a acidez normal do corpo não controla o crescimento desse fungo, ele pode proliferar além do suportável pelo corpo feminino. Aí, vira uma infecção, que é a candidíase. O fungo também pode estar presente na boca. Nesse caso, provoca feridas: é o que se chama de sapinho. A candidíase geralmente aparece em períodos de baixa da imunidade, provocados pelo estresse ou por outras infecções no organismo. Não é considerada uma doença sexualmente transmissível, apesar de o sexo ser uma das formas de contaminação. O tratamento é feito com pomadas e supositórios antibacterianos.

24 *Pode ser de fundo nervoso?*

Não. O que ocorre é que o fungo se aproveita dos períodos de estresse e depressão – que baixam a imunidade corporal – para se proliferar.

25 *Tenho candidíase de vez em quando. Se, nesses períodos, alguém fizer sexo oral em mim, pode contrair a doença?*

Isso é raro, mas pode ocorrer. A saliva contém enzimas que matam a maioria dos germes, defendendo a região da boca de infecções. Mas se o parceiro estiver em um período de baixa resistência do organismo, ele pode ser contaminado.

26 *Transamos na menstruação e o pênis dele começou a descascar. Por quê?*

O mais provável é que uma infecção vaginal, como a candidíase, tenha alterado as condições normais de acidez da sua vagina, levando a uma irritação da pele do pênis. Ambos devem procurar um médico. O tratamento para esse tipo de problema é simples: basta a utilização de cremes ou pomadas, prescritos por um especialista.

27 *A pele que recobre a cabeça do pênis fica machucada e inchada depois da transa. Qual o motivo?*

É o mesmo caso da questão anterior: isso ocorre quando a mulher está com alguma irritação na região vaginal que altera a acidez natural da área.

28 *Eu me masturbei com o esguicho da banheira do motel e surgiram várias bolinhas na vagina. O que é isso?*

Indício de infecção vaginal. Procure um médico. O tratamento é feito com a aplicação de pomadas e cremes.

29 *Ele me cortou com os dentes e o ferimento não cicatriza. O que eu faço?*

O ferimento não está cicatrizando por alguma infecção local. É conveniente procurar um ginecologista para orientá-la. O uso de uma pomada qualquer, além de provavelmente não resolver o problema, pode até mesmo agravá-lo.

30 *Ele está com um machucado no pênis que não quer sarar. O que é?*

Machucado geralmente é sinal de doença sexualmente transmissível. Pode até ser que ele tenha se ferido de alguma maneira e que a cicatrização esteja lenta por um motivo qualquer (ele tem diabete ou outro problema que dificulte a cicatrização). O ideal, no entanto, é procurar um urologista para se certificar da existência ou não de uma DST.

31 *Ele tem cravos no pênis. É doença?*

Podem ser apenas cravos. A pele do pênis tem as mesmas características da pele do restante do corpo. É perfeitamente possível que ocorra uma inflamação na glândula sebácea, que é o que se chama de cravo. De qualquer forma, o ideal é procurar um urologista para se certificar.

32 *Transar pode dar infecção urinária no homem?*

Se a relação foi prolongada ou se o casal praticou sexo em posições em que o pênis é mais fortemente comprimido, isso pode causar uma irritação na uretra. Os sintomas são bem semelhantes aos de uma infecção urinária. Relaxe: se for apenas uma irritação, o problema desaparece após alguns dias.

33 *Sai pus do pênis dele. O que é?*

Pode ser uma infecção. Como a gonorréia, causada por uma bactéria, o gonococo. Quando estão infectados, os homens costumam expelir uma secreção pela uretra, como se fosse um pus, além de sentir dor ao urinar. A gonorréia é uma das doenças sexualmente transmissíveis mais freqüentes. Provoca infecções na próstata e nos testículos. Se não for tratada, a doença pode evoluir para lesões nas articulações, no fígado e até no cérebro. O tratamento é feito com a ingestão de antibióticos e outros medicamentos.

34 *Quais os sintomas de gonorréia na mulher?*

Sai uma secreção amarelada da vagina. Ela vem acompanhada de outros sintomas: queimação ao urinar, dor pélvica e aumento da sensibilidade da vulva, o que torna a penetração um incômodo. É preciso procurar um médico com urgência. Se não for tratada, a gonorréia pode causar esterilidade na mulher, além de provocar os problemas descritos na questão anterior.

35 *Clamídia é a mesma coisa que gonorréia?*

Não. A clamídia surge com freqüência acompanhada da gonorréia. Isso explica a confusão. A doença costuma não apresentar sintomas em mulheres. Por isso, é difícil diagnosticá-la. Nos homens, provoca dor ao urinar e a saída de uma secreção do pênis. Assim como a gonorréia, o tratamento é feito com antibióticos. Cuidado: essa é outra doença que pode provocar esterilidade na mulher. O ideal é visitar periodicamente um ginecologista para que, mesmo que não apresentem sintomas, essa e outras doenças possam ser diagnosticadas o mais rápido possível.

36 *Apareceu uma ferida na vagina, depois caroços na minha virilha. O que é isso?*

Tudo indica que é sífilis, uma doença sexualmente transmissível que se manifesta cerca de 20 a 30 dias depois do contágio. Primeiro, aparece uma ferida indolor de 1cm a 2 cm de diâmetro nos genitais (pênis, vulva, vagina, colo do útero). É chamada de cancro duro. Ela some naturalmente, após mais ou menos um mês. Dez dias depois, surgem caroços (ínguas) na virilha, que também desaparecem por si só. No mês seguinte, aparecem manchas avermelhadas na pele, como se fosse uma alergia. É grave: se a doença não for tratada, a bactéria pode atingir o coração, os vasos sangüíneos e o sistema nervoso. Em casos extremos, provoca paralisia, cegueira e até a morte.

37 *Sífilis tem cura?*

Tem. O tratamento é feito à base de antibióticos. Quanto mais rápido a pessoa recorrer a um médico, melhor.

38 *Endometriose é DST?*

Não. Essa doença é caracterizada pelo aparecimento de células da parte interna do útero (o endométrio) em outras regiões do corpo da mulher. Essas células são responsáveis por desencadear a menstruação, não importa onde elas estejam. Em mulheres com endometriose, elas podem surgir na parte interna da vagina, na superfície do ovário, na membrana que recobre os órgãos abdominais. Também podem aparecer em cicatrizes de cirurgias. Esse aparecimento irregular das células do endométrio às vezes provoca dores abdominais e o surgimento de cistos, que são restos de sangue menstrual.

39 *Atrapalha o sexo de alguma forma?*

Os cistos da endometriose podem provocar dor na penetração vaginal. O ideal é procurar um médico para retirá-los. Mas há mulheres em que a endometriose não provoca grandes problemas. Algumas delas têm a doença, mas nem percebem que ela existe. Não há cura. O tratamento, feito à base de medicamentos ou da retirada cirúrgica dos cistos, pode amenizar os sintomas.

40 *Posso pegar algum fungo se eu dormir sem calcinha?*

Não. Pelo contrário: dormir sem calcinha faz bem. Ao deixar os genitais expostos você favorece a ventilação, o que melhora as condições físicas da região pélvica.

41 *A camisinha deve ser colocada em que momento do sexo?*

No começo. No homem, assim que houver a ereção. Na mulher, o ideal é colocar antes de ir para a cama.

42 *Ela precisa ser trocada no meio da transa?*

Em algumas situações, como após o sexo anal, caso queiram fazer penetração vaginal. Senão há o risco de o pênis transportar para a vagina algumas bactérias que habitam o ânus. Na vagina, essas bactérias podem desencadear uma infecção.

43 *Posso usar camisinha para fazer sexo na banheira de hidromassagem?*

Pode. Fica mais fácil colocá-la antes de se molhar. A água tira um pouco do lubrificante, mas dá para usar a camisinha. Como a quantidade de lubrificante vai diminuir, é preciso um cuidado a mais para evitar que o preservativo se rompa na hora da penetração.

44 *Toda vez que transo sem camisinha, sai sangue da minha vagina. É doença?*

Sangramento nunca deve ser encarado como normal. Deve-se sempre investigar a causa. Pode ser indício de um problema inflamatório ou infeccioso do colo do útero, da vagina ou da vulva. Ou ocorrer por falta de lubrificação adequada para a penetração vaginal. Isso faz com que haja mais atrito do pênis na vagina, provocando pequenas lesões e um conseqüente sangramento. Procure um ginecologista.

45 *A camisinha me dá um ardor na vagina. Tem alguma solução para isso?*

Algumas pessoas têm alergia ao látex da camisinha. Existem lubrificantes à base de água, para uso com a camisinha, que são bastante eficientes e que têm poucos efeitos colaterais. Experimentar outras marcas de preservativo também pode ser uma saída. Embora todos sejam feitos de látex, há variações na sua formulação. Há a possibilidade de alguma outra marca de preservativo ser mais confortável para você.

46 *Existe outro recurso para evitar doenças?*

Pesquisadores e médicos da Universidade de São Paulo (USP) estão desenvolvendo um gel capaz de formar uma película protetora na região pélvica. Isso evitaria a entrada de alguns tipos de bactérias e vírus no organismo. Está em fase de testes. Mas as perspectivas são boas.

47 *Preservativo com espermaticida é mais seguro contra a Aids?*

Não. O espermaticida contido nas camisinhas tem função de matar os espermatozóides, aumentar a lubrificação e de proteger – até certo ponto – contra as infecções mais comuns, causadas por bactérias. Não atua contra os vírus. Age apenas contra bactérias e, eventualmente, contra fungos.

48 *Cremes vaginais rompem a camisinha?*

Pode ser que sim. Os cremes vaginais usados nos tratamentos das infecções geralmente têm um solvente gorduroso que pode facilitar a ruptura da camisinha.

49 *Quando estamos liberados da camisinha?*

Alguns especialistas recomendam o uso da camisinha para sempre, mesmo que o casal só transe entre si. Essa é, sem dúvida, a melhor maneira de se prevenir de doenças. Mas sabe-se que, na prática, a maioria das pessoas que se consideram monogâmicas não adota esse tipo de postura. Como em tudo no sexo, quem decide o que fazer com o próprio corpo é única e exclusivamente você.

50 *Existem quantas DST?*

Há mais de 30 doenças sexualmente transmissíveis, algumas delas sendo variações, ainda em estudo, de doenças já catalogadas. Veja a seguir uma lista das principais:

As principais doenças

Algumas delas são contraídas exclusivamente pelo contato sexual.

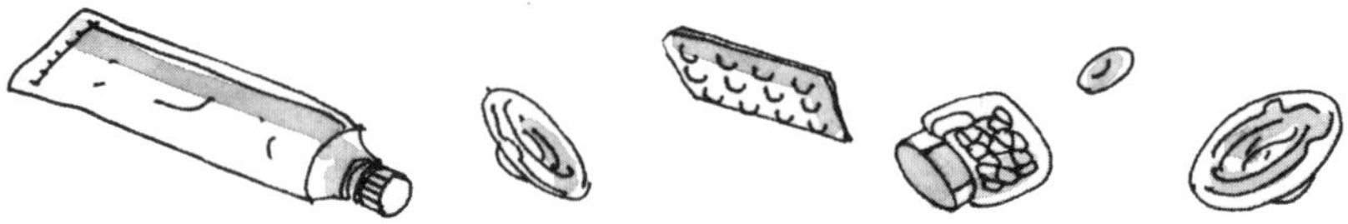

Doença	Como é causada
*Aids**	Pelo vírus HIV (Vírus da Imunodeficiência Humana)
*Condiloma acuminado, crista de galo ou HPV**	Pelo vírus HPV (Papiloma Vírus Humano)
*Gonorréia***	Pela bactéria gonococo
*Herpes**	Por dois tipos de vírus: o tipo 1, causador do herpes labial (comum na região da boca), e o tipo 2, do herpes genital (comum na região da vagina, do ânus e do pênis)
*Sífilis***	Por uma bactéria (espiroqueta)

*Doenças transmitidas não apenas pelo sexo
**Doenças transmitidas só pelo contato sexual

O uso de camisinha em todo tipo de sexo é fundamental

sexualmente transmissíveis

Outras apresentam variadas formas de contaminação.

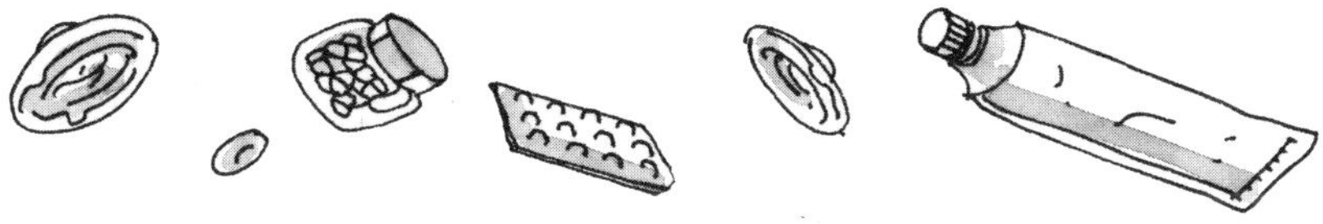

Principais sintomas	Tratamento
Num primeiro momento, o doente pode apresentar febre alta e contínua, diarréias prolongadas, emagrecimento. Mais tarde, surgem infecções oportunistas, aquelas favorecidas pela baixa resistência do organismo, e sarcomas (feridas).	Medicamentos para controle da multiplicação do vírus, das infecções oportunistas e das neoplasias (tumores).
Verrugas que aparecem na vagina, no ânus, na uretra, no pênis e até na garganta, em decorrência de sexo oral. O homem costuma ser assintomático ou tem lesões não visíveis a olho nu.	Retirada química ou cirúrgica das verrugas. Isso não significa que o vírus também se foi.
Secreção amarelada que sai da uretra e da vagina. Se não tratada, pode causar infecção na próstata, nos testículos e nas trompas. Pode levar à esterilidade.	Com medicamentos via oral.
Bolinhas doloridas que desaparecem em dois a sete dias. Elas se transformam em feridas que cicatrizam naturalmente. Ressurgem em geral a cada três meses ou em períodos de baixa resistência do corpo.	Medicamentos, pomadas e vacina para tornar as manifestações menos intensas. Não há cura.
Uma ferida indolor (cancro duro) de 1cm a 2cm de diâmetro surge nos genitais. Ela desaparece após um mês. Dez dias depois, surgem caroços na virilha, que também desaparecem. No mês seguinte, a pessoa apresenta manchas avermelhadas na pele, como uma alergia. Se a doença não for tratada, a bactéria pode atingir o coração, os vasos sangüíneos e o sistema nervoso. Em casos extremos, provoca paralisia, cegueira e até a morte.	Antibióticos

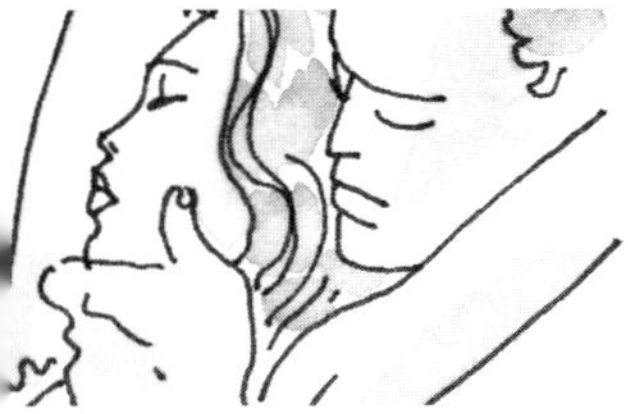

AS 50 PRINCIPAIS DÚVIDAS SOBRE GRAVIDEZ E ANTI-CONCEPÇÃO

Capítulo **10**

A vida sexual na gravidez se complica, sim, mas não é por isso que precisa ser deixada de lado. Pelo contrário: quem a mantém ativa vive um período muito mais feliz. Para quem está no outro extremo — não quer engravidar —, uma boa notícia: há métodos cada vez mais avançados. Com certeza um deles cairá como uma luva para você.

1 *Posso transar grávida ou isso machuca o bebê?*

A penetração peniana não machuca o bebê, de jeito nenhum. É impossível que o pênis atinja o feto, nem se a penetração vaginal for muito profunda. O bebê está muito bem protegido dentro do útero. As únicas restrições ao sexo vaginal durante a gestação são feitas quando a paciente apresenta sangramento ou se ela já abortou espontaneamente alguma vez. Veja a seguir três mitos sobre penetração vaginal na gravidez e por que eles não passam de crenças equivocadas.

Por dentro do corpo da grávida

Sexo na gravidez não faz mal para o bebê.
Vença alguns mitos.

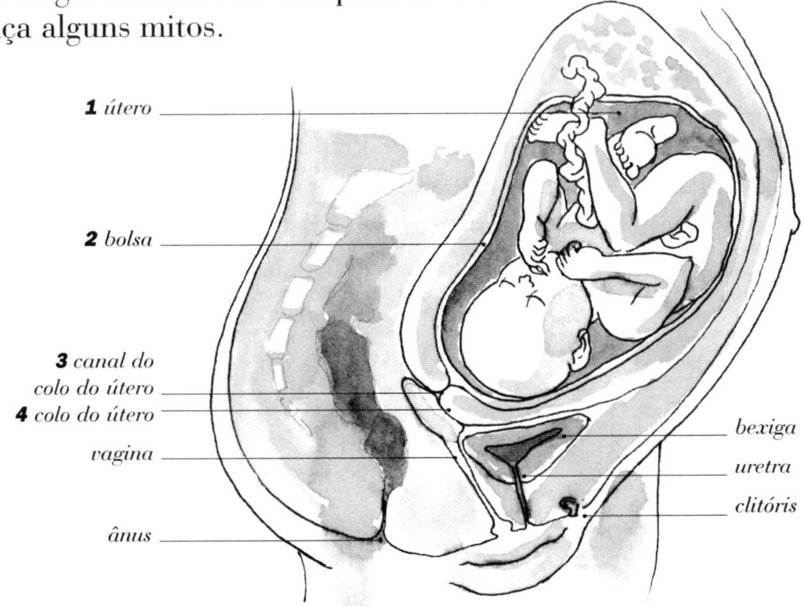

1 Útero
Há um mito de que as contrações do útero na hora do orgasmo podem expulsar o bebê. Isso é um engano. Sexo não provoca aborto nem parto prematuro. Só é preciso tomar mais cuidado durante uma gravidez de risco.

2 Bolsa
O esperma não chega até o bebê. Não há como isso ocorrer, pois o feto está protegido pela bolsa. O esperma não consegue ultrapassá-la.

3 Canal do colo do útero
O pênis não toca o bebê durante a penetração, pois não consegue passar pelo canal que fica entre o colo do útero e a bolsa, onde está o feto. Esse canal mede menos de 0,5cm.

4 Colo do útero
Os movimentos do pênis dentro da vagina na hora do sexo não machucam o bebê. A penetração, por mais profunda que seja, vai no máximo até o colo do útero, que funciona como um amortecedor. A glande (cabeça do pênis) é macia, o que também amortece a penetração. Resumindo: transar na gravidez não faz mal.

2 *Orgasmo acelera o parto e provoca aborto?*

Não. As contrações uterinas que ocorrem quando a mulher atinge o clímax não são suficientes para provocar aborto. No entanto, se a mulher já estiver sentindo contrações uterinas antes do ato sexual, aí sim elas podem se tornar mais intensas com o orgasmo e até mesmo levar ao aborto. Caso contrário, não há com que se preocupar.

3 *E o esperma? A ejaculação dentro da vagina causa algum problema?*

Há uma crença de que as substâncias presentes no esperma, como a prostaglandina, são capazes de causar contrações uterinas e induzir o aborto. Isso não ocorre. A quantidade de prostaglandina presente no sêmen é insuficiente para provocar esse tipo de problema. Para desencadear contrações capazes de acelerar o parto, seriam necessárias pelo menos 15 ejaculações dentro da vagina num período de uma hora.

4 *Em quais casos a grávida está proibida de transar?*

Apenas se ela apresentar ameaça de aborto ou se já tiver enfrentado abortos precoces em outras ocasiões. Nesse último caso, as relações sexuais ficam suspensas só no primeiro trimestre. Ou seja, excluindo essas duas situações, não há o que impeça a mulher de manter uma vida sexual ativa durante a gravidez. Pelo contrário: sexo faz bem, tanto para o corpo (irriga a região pélvica) quanto para a cabeça (dá prazer, alivia tensões, aumenta a cumplicidade do casal...).

5 *É natural que o apetite sexual diminua durante a gravidez?*

Nem sempre. Há mulheres que têm alta de desejo. Outras apresentam queda da libido. Isso é determinado principalmente por fatores emocionais. Tem muito a ver com a ansiedade e a auto-estima. Algumas grávidas se sentem poderosas pelo fato de serem capazes de gerar uma vida. Isso reafirma a feminilidade e interfere diretamente na libido, deixando-as mais interessadas na busca de prazer sexual. Outras, no entanto, se sentem frágeis, ansiosas, preocupadas e inseguras em relação ao futuro. Elas também se incomodam com a aparência: à medida que a barriga cresce, a auto-estima cai, levando a reboque o interesse pelo sexo. Há ainda quem viva períodos de altas e baixas de desejo. Veja nas páginas seguintes alguns dados.

6 *É verdade que o desejo acaba depois do parto?*

Pode ser que ocorra uma diminuição temporária de desejo, principalmente se a mulher estiver amamentando. Isso ocorre por alterações hormonais características dessa fase. Além disso, o fator emocional também conta: a mulher está mais sensível, mais preocupada, mais voltada para sua nova condição de mãe. Por todos esses fatores, o sexo fica em segundo plano.

7 *Ele perdeu o desejo sexual. Por quê?*

O problema é emocional. Muitos homens confundem gravidez com santidade e apresentam queda de libido. Acham que a grávida tem de ser pura, santa – e que não pode se render aos prazeres sexuais. Essa crença, totalmente equivocada, só atrapalha. Muitos deles, ao pensar na maternidade, lembram da própria mãe – e é errado transar com ela. Então, inconscientemente, bloqueiam a libido.

8 *Está mais difícil para chegar ao orgasmo. Isso é normal?*

É normal. Cerca de 50% das mulheres, segundo dados da Sociedade Brasileira de Estudos em Sexualidade Humana, apresentam alteração de orgasmo durante a gestação. Isso ocorre por questões emocionais, como o aumento da ansiedade, e físicas, como o surgimento de dor na hora da penetração.

9 *Comecei a sentir dor na penetração. Qual o motivo?*

Pode ser uma conseqüência das alterações que ocorrem na região pélvica. Nos primeiros meses, a vagina incha e o canal diminui. No segundo trimestre, há um aumento de lubrificação pélvica, e isso facilita a penetração. Já nos últimos três meses a situação volta a se complicar: a vagina fica mais curta e o pênis costuma tocar o colo do útero, o que pode provocar um certo incômodo. Há casos, porém, em que a dor na penetração tem fundo emocional: a mulher está tensa e não consegue relaxar. Com isso, ela não se excita o suficiente para que o sexo seja prazeroso. Em alguns casos, a mulher contrai os músculos vaginais na hora da relação, o que dificulta a penetração e provoca dor.

Nessa fase, a libido se altera para a maioria das mulheres. As modificações geralmente ocorrem a cada trimestre.

O vai-e-vem do

desejo na gravidez

1º trimestre

O desejo cai para 77% das mulheres.*

Causas emocionais para a baixa de libido
Ansiedade, insegurança, medo de perder o bebê. Ou rejeição à gravidez: ela culpa a si mesma ou ao parceiro por ter feito sexo e perde temporariamente o desejo.

Causas físicas para a baixa de libido
As primeiras alterações físicas pegam a mulher de surpresa e provocam incômodo na transa, como o aumento de sensibilidade nas mamas. Os toques nos seios às vezes causam dor. Ela prefere evitar as carícias e o sexo.

2º trimestre

O desejo aumenta para 81% das mulheres.*

Causas emocionais para o aumento de libido
Aumento da auto-estima. É o período de maior tranqüilidade na gravidez: ela já passou pela fase inicial, de dúvidas e incertezas sobre o bebê, e ainda não chegou à etapa final da gestação, em que as preocupações recomeçam pela proximidade do parto.

Causas físicas para o aumento de libido
Acabaram os primeiros sintomas da gravidez, como os incômodos enjôos. Fase de grande lubrificação vaginal, o que torna a penetração mais prazerosa.

3º trimestre

O desejo diminui para 80% das mulheres.*

Causas emocionais para a baixa de libido
Há uma auto-imagem negativa. Pensamentos que atrapalham: "estou gorda", "estou feia", "não estou atraente o suficiente para o sexo". A ansiedade e o medo do parto atrapalham, assim como algumas crenças equivocadas (acham que transar machucaria o bebê).

Causas físicas para a baixa de libido
O corpo está muito mudado: a barriga cresceu, a lubrificação vaginal diminuiu... Isso coloca empecilhos ao sexo vaginal, o que repercute negativamente no desejo.

*Dados dos pesquisadores americanos William Masters e Virginia Johnson.

10 *Qual a melhor posição para o sexo na gravidez?*

O ideal é optar por posições que deixem a barriga livre ou apoiada de alguma maneira, como na posição colher, em que o casal deita de lado e a mulher fica na frente do parceiro.
Veja a seguir quatro boas posições para o sexo na gravidez:

Posições para sexo na gravidez
Há quatro posições mais indicadas para essa fase. Nelas, a barriga fica livre e a mulher se sente mais confortável durante a relação.

Colher
Os dois se encaixam de lado. A grávida pode colocar um travesseiro bem pequeno sob a barriga, para apoiá-la melhor.

Sentada
Ele deita na cama, ela senta em cima dele. Boa posição para a grávida, pois ela pode se movimentar e controlar a penetração.

11 *Parto natural alarga a vagina?*

Algumas mulheres apresentam flacidez nos músculos da vagina após sucessivos partos. O problema pode ser contornado com exercícios pélvicos. São simples: basta que a mulher contraia e solte a musculatura da vagina. Os ginecologistas recomendam uma seqüência chamada de exercícios de Kegel. Eles não só melhoram as condições da vagina como rendem mais prazer à mulher. Veja o passo a passo desses exercícios no Capítulo 5, sobre penetração vaginal.

Papai-e-mamãe adaptado
O casal fica na posição clássica, porém o homem eleva o tronco para não pressionar a barriga da parceira.

Cruz
Os corpos ficam em posição de cruz: ela deita e flexiona as pernas; ele se encaixa de lado, sob as pernas dela.

12 *É preciso fazer cirurgia?*

Em alguns casos, sim, como nos partos mais complicados ou quando os bebês são maiores. Pode ocorrer a ruptura dos músculos da região do períneo. É necessário fazer uma cirurgia para reparar essa musculatura, pois o problema pode provocar incontinência urinária.

13 *Depois que o bebê nasce, quando posso voltar a transar?*

Se a cicatrização da cirurgia ocorrer sem problemas, a mulher pode retomar o sexo vaginal após três ou quatro semanas. Nada impede, no entanto, que o casal busque, desde o primeiro momento, outras formas de satisfação sexual, como masturbação mútua, sexo oral ou, eventualmente, sexo anal.

14 *Qual retomada sexual é mais difícil: parto normal ou cesariana?*

Tudo vai depender das condições do pós-operatório. Na prática, tanto para o parto normal quanto para a cesariana é necessário aguardar a cicatrização completa dos pontos.

15 *Tive um aborto e fiz curetagem. Quando estou liberada para o sexo?*

Quando você quiser. A curetagem consiste na raspagem interna do útero, com uma espécie de colher de cabo longo, a cureta. Não há cortes nem pontos. Ou seja, não é preciso esperar um período para a cicatrização de alguma coisa. Importante: após um aborto, recomenda-se aguardar de três a seis meses para tentar uma nova gravidez. Por isso, na retomada sexual é preciso um método contraceptivo seguro, como a pílula.

16 *Posso engravidar enquanto estou amamentando?*

Sim. O ideal, nessa fase, é utilizar um método eficiente, como o anticoncepcional injetável ou o oral (pílula) que contenha progesterona, que é especial para essa fase.

17 *E durante a menstruação?*

Não. A menstruação sinaliza o final de um ciclo e o início de outro, ocorrendo um espaço de vários dias para que ocorra o processo de amadurecimento de um óvulo, necessário à fecundação. Do ponto de vista da anticoncepção, os dias em que a menstruação ocorre são o período mais seguro.

18 *O período fértil pode mudar de mulher para mulher?*

Sim. Em geral o período fértil dura mais ou menos uma semana. É o dia da ovulação, mais os três dias que a antecedem e os três dias que a sucedem.

19 *Em que casos a tabelinha funciona?*

Em mulheres cujo ciclo menstrual não varia. Ou seja, cuja menstruação vem pontualmente após um invariável número de dias. A maioria das mulheres têm ciclos menstruais de 28 ou 30 dias, mas há casos de ciclos maiores (32, 35 dias...).

20 *Como é feita?*

A primeira coisa é descobrir quantos dias compõem exatamente o seu ciclo. A partir daí, você calcula o dia de início da próxima menstruação, subtrai 14 dias e encontra o dia provável da ovulação. Para ter uma margem de segurança, recomenda-se que não ocorram relações nos três dias antes nem nos três depois do dia da ovulação. Ou seja, durante uma semana. Esse é o chamado período fértil. Porém, se a duração do ciclo menstrual variar – o que pode ocorrer de repente, por fatores emocionais ou físicos –, o método falha. Nesse caso, o dia provável da ovulação se altera, o que invalida a tabelinha.

21 *Qual o método mais seguro para evitar a gravidez?*

Os anticoncepcionais orais (pílulas) ou injetáveis. O grau de eficácia é de 99,7, medido pelo Índice de Pearl. Essa forma de medição leva em conta a quantidade de gestações indesejadas que ocorrem entre 100 mulheres que utilizam um método durante o intervalo de um ano. Vale lembrar que para cada mulher há uma pílula mais adequada. Só um médico pode indicar qual é a melhor para você. Utilizar um anticoncepcional por conta própria (você pediu conselho na farmácia, comprou o mesmo que uma amiga usa...) pode diminuir a eficácia do método, aumentando o risco de gravidez.

22 *Posso engravidar tomando pílula?*

Se você tomar corretamente, o risco é mínimo. O que provoca falhas é o uso de uma pílula que não seja a mais indicada para você ou a utilização incorreta do método ao longo do mês. Um dos principais erros: esquecer de tomar uma pílula. Quando isso ocorre, você deve tomá-la assim que lembrar. Mas só vale se você esqueceu apenas uma pílula. Ao esquecer duas ou mais, o método perde a eficácia. Nesse caso, é preciso adotar imediatamente outra forma paralela de evitar a gravidez, como a camisinha. Você deve continuar tomando as pílulas até o final da cartela, para não sofrer uma desestabilização hormonal. Porém, precisa se prevenir de gravidez com o preservativo, até que a próxima menstruação ocorra. Outro motivo de falha: não iniciar a cartela no dia recomendado pelo laboratório fabricante do produto. Uma recomendação importante: o ideal é tomar o anticoncepcional sempre no mesmo horário.

23 *E no intervalo entre uma cartela e outra?*

Não. Nesse período, não há risco de gravidez.

24 *Pílula do dia seguinte funciona mesmo?*

Só funciona se for ingerida até no máximo 72 horas após o sexo. É preciso tomar duas pílulas, num intervalo de 12 horas. Quanto mais cedo, melhor, pois dá tempo de elas impedirem que o espermatozóide fecunde o óvulo. Caso isso já tenha ocorrido antes da ingestão das pílulas, elas fazem com que o óvulo não consiga ser implantado no útero, o que impede a gravidez.

25 *Posso substituir o anticoncepcional que se toma todo dia pela pílula do dia seguinte?*

Não. A pílula do dia seguinte não é um método que deve ser usado rotineiramente. É recomendada apenas em situações emergenciais, como quando a camisinha se rompe ou se a mulher é vítima de estupro. Isso porque esse método altera a fisiologia feminina: sobrecarrega a função hepática (o que gera náuseas, enjôos e vômitos) e provoca alterações menstruais intensas. Se usado com freqüência, pode ser prejudicial ao organismo.

26 *É aborto?*

Essa é uma questão polêmica. Há quem pense que sim, pois o óvulo pode já ter sido fecundado antes de a mulher ingerir a pílula. Do ponto de vista legal, no entanto, não é. A lei só encara como aborto se o óvulo tiver sido implantado no útero. A pílula age antes que isso ocorra. Então, não é abortiva.

27 *O que é melhor: injeção anticoncepcional ou pílula?*

Isso depende da sua adaptação a cada método. A eficácia é praticamente a mesma. Há mulheres que preferem o anticoncepcional oral porque já estão habituadas a esse método. Outras se adaptam melhor à injeção. Uma vantagem em relação à pílula é que você toma a injeção apenas uma vez por mês ou a cada três meses. Nos dois métodos, no entanto, há o risco de a mulher esquecer da próxima dose, o que prejudica a eficácia. Quanto aos efeitos colaterais, a injeção trimestral provoca a suspensão da menstruação na maioria dos casos. Mas dá menos náusea do que o anticoncepcional oral, pois não passa pelo aparelho digestivo. Tomar injeção sai mais caro: o preço é bem mais alto do que o da pílula. Vale lembrar: é necessário procurar um ginecologista para avaliar com mais detalhes o que é melhor para você.

28 *Toda mulher pode tomar essa injeção?*

Há restrições para os casos de quem tem ou teve trombose e câncer de mama. Nesses casos, a injeção não deve ser usada.

29 *Existe injeção masculina?*

Existe, mas esse método ainda não chegou ao mercado, pois está em fase de testes. É à base de uma substância chamada gossipol, que interfere na formação dos espermatozóides, deixando-os incapazes de promover a gravidez. Acredita-se que o método não surtirá efeitos colaterais intensos nem prejudicará a libido masculina. Mas ainda estão sendo feitos testes para confirmar essa tese.

30 *Como age a pílula vaginal?*

Da mesma forma que a oral. A única diferença é que você introduz a pílula na vagina. Detalhe importante: depois que inserir a pílula, a mulher deve ficar deitada por meia hora, para facilitar a absorção pelo organismo.

31 *Lavar a vagina com o esguicho do banheiro depois da transa evita gravidez?*

Não. Isso é um erro bem comum. O espermatozóide tem condições de alcançar o canal do colo do útero em questão de segundos, tornando inútil a lavagem vaginal.

32 *Posso engravidar se ele tirar o pênis da vagina antes de gozar?*

Sim. Durante a excitação, há a possibilidade de sair do pênis um pouco de líquido contendo uma pequena quantidade de esperma. Isso pode ser o suficiente para engravidá-la.

33 *E se não houver penetração e ele gozar perto dos grandes lábios?*

Isso é raro, mas não é impossível. Os espermatozóides morrem em poucos minutos após a ejaculação, caso não alcancem o canal do colo uterino. De qualquer forma, o melhor é evitar a ejaculação próxima à vagina.

34 *Usar apenas o espermaticida funciona como método anticoncepcional?*

Os métodos anticoncepcionais de barreira – camisinha, diafragma e espermaticidas – são de média eficácia. Desses todos, o mais sujeito a falhas é o espermaticida. Para aumentar a segurança, o ideal é aliá-lo ao uso de camisinha ou diafragma.

35 *Colocar uma camisinha em cima da outra diminui o risco de gravidez?*

Não. Pelo contrário: ao tentar colocá-las, há o risco de um preservativo danificar o outro, diminuindo, assim, sua eficácia.

36 *E se a gente usar a camisinha masculina e a feminina ao mesmo tempo?*

Não há vantagens nessa associação. O atrito da camisinha masculina na feminina aumenta o risco de ruptura de uma ou de outra.

37 *Camisinhas coloridas, com sabor e textura são tão seguras quanto as tradicionais?*

Isso varia. Alguns fabricantes oferecem camisinhas com sabor e textura tão eficientes quanto os preservativos tradicionais. Mas há camisinhas que são feitas apenas para dar um colorido a mais ao sexo, sem o objetivo de proteger contra doenças ou evitar a gravidez.

38 *O homem continua ejaculando após a vasectomia?*

Sim, porém sem espermatozóides. Não quer dizer que vai sair menos esperma do pênis. O líquido espermático é composto principalmente de secreções da próstata e das vesículas seminais. Elas correspondem a 99% do esperma ou mais. Apenas cerca de 1% desse líquido é composto de espermatozóides. Ou seja, a vasectomia praticamente não influi na quantidade de esperma ejaculado.

39 *É um método eficiente?*

Sim. Nessa cirurgia, os canais deferentes, que levam os espermatozóides dos testículos até a uretra, são cortados e amarrados com fios de náilon. Ou seja, os espermatozóides não têm como chegar ao canal da uretra, de onde seriam ejaculados. Eles são absorvidos pelo organismo, sem danos à saúde do homem. Importante: nas primeiras 15 ejaculações após a cirurgia, é preciso transar de camisinha ou adotar outro método para evitar a gravidez. Isso é necessário porque podem restar espermatozóides em canais do pênis localizados acima da vasectomia. Há risco de gravidez até que todos eles sejam eliminados do pênis.

40 *Dá mesmo para reverter?*

Na maioria das vezes, sim. Isso se a reversão for feita em até cinco anos após a vasectomia. Passado esse período, os espermatozóides podem perder a qualidade: ao ficarem represados por muito tempo, perdem a rapidez e a mobilidade, o que atrapalha a capacidade de fertilizar o óvulo. A reversão é rápida: leva cerca de duas horas e o paciente só precisa ficar dois dias de repouso.

41 *Laqueadura ainda é recomendável?*

É um método eficaz, porém mais radical. Caso a mulher mude de idéia e queira engravidar novamente, não há reversão. Mudanças de opinião a respeito de ter ou não outro filho podem ocorrer a qualquer momento. Com tantos métodos eficientes disponíveis no mercado, talvez o melhor seja deixar a laqueadura como uma última opção.

42 *É verdade que posso engravidar com DIU?*

Esse método pode falhar, sim. Isso ocorre mais freqüentemente se o DIU sair do lugar. O DIU é um pequeno dispositivo de plástico que libera hormônios ou íons de cobre no organismo da mulher. Isso impede a fertilização do óvulo ou sua implantação no útero. O dispositivo é inserido no útero através do colo. Se, por algum motivo, ele sair da posição ideal, a mulher corre o risco de engravidar. Por isso, é necessária uma visita periódica ao ginecologista, para que ele verifique se o DIU está bem posicionado.

43 *Provoca tumor no útero?*

Não. Isso é uma crença muito comum, porém equivocada. Ainda não se sabe ao certo o que desencadeia o aparecimento de miomas (tumores benignos) no útero. Acredita-se que há tendências genéticas. Sabe-se também que, em alguns casos, o hormônio estrogênio estimula o crescimento de miomas já existentes.

44 *Mulheres com ovários multicísticos têm ou não chance de engravidar?*

Quem tem ovários policísticos não ovula com a mesma freqüência que as outras mulheres, o que pode causar uma certa dificuldade para engravidar. Mas isso não quer dizer que ela não tenha chances de ficar grávida. Ela tem. Porém, há mais dificuldade.

45 *Engravidei usando diafragma. Por quê?*

É preciso estar atenta às dimensões do diafragma. Elas precisam corresponder ao tamanho do colo do seu útero. Se você comprou um diafragma de dimensões não indicadas para o seu caso, é grande a chance de engravidar. Antes de comprar o produto, é necessário procurar um ginecologista para que ele lhe informe o tamanho ideal.

46 *Como escolher o melhor método contraceptivo para mim?*

Você tem de levar em conta a eficácia do método, as reações colaterais no seu corpo e sua disponibilidade para utilizá-lo corretamente. O ginecologista é a pessoa mais indicada para ajudá-la a avaliar tudo isso. Veja nas páginas seguintes um resumo dos principais métodos e os prós e contras de cada um.

47 *O que causa infertilidade?*

A infertilidade, que é a dificuldade de levar a gestação até o fim (a mulher tem abortos espontâneos), pode ser causada por infecções, malformações uterinas e tumores, como os miomas. Uma visita freqüente ao ginecologista é fundamental para que ele ajude a prevenir e a controlar a situação.

Os principais métodos

Os mais seguros são os hormonais, mas há outras opções.

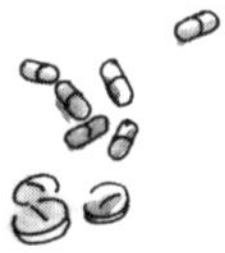

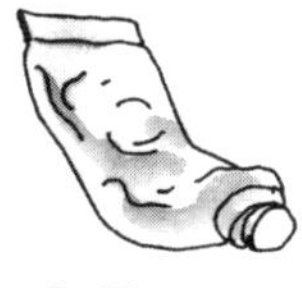

hormonais

Métodos	Margem de falha
Pílula tradicional Há três tipos: • Monofásica (21 comprimidos, todos com a mesma dose dos hormônios estrogênio e progesterona). • Bifásica (10 comprimidos com estrogênio e 11 com estrogênio e progesterona). • Trifásica (três fases: uma com seis pílulas, outra com cinco e outra com dez, todas apresentando doses diferentes de estrogênio e progesterona).	0,3 pelo Índice de Pearl. Isso significa que falha para 0,3 mulheres a cada 100 que engravidam durante um ano. É um índice baixíssimo de falha, o que torna o anticoncepcional o método mais seguro.
Minipílula Com pequena dose do hormônio progesterona. Deve ser tomada todos os dias (e não só por 21 dias como a pílula tradicional), inclusive durante a menstruação, caso ela ocorra. Indicada para a fase de amamentação.	4 pelo Índice de Pearl.
Pílula intravaginal É a mesma pílula oral, só que muda a via de administração: em vez de ser engolida, é colocada na vagina, que a absorve perfeitamente. Deve ser usada todo dia no mesmo horário.	0,3 pelo Índice de Pearl.
Pílula do dia seguinte Duas pílulas com dose alta de hormônio. Só fazem efeito se forem ingeridas em até no máximo 72 horas após a relação sexual.	De 60% a 90% de eficácia, de acordo com o horário em que foi tomada (o quanto antes, melhor).
Pílula masculina De uma substância chamada gossipol, retirada do óleo do caroço do algodão. Ainda não chegou ao mercado: está em fase de testes.	Não se sabe.
Injeção anticoncepcional Dois tipos: • De estrogênio e progesterona (deve ser tomada a cada 28 dias) • Com dose alta de progesterona (para ser usada a cada três meses).	0,3 pelo Índice de Pearl.

contraceptivos

Consulte um médico para saber qual o melhor para você.

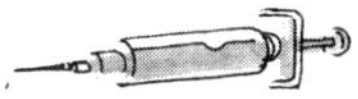

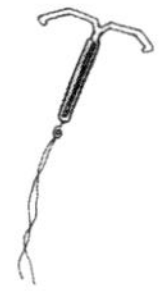

Prós	Contras
Alta eficácia. É um engano dizer que dá celulite e engorda. As pílulas modernas têm baixa dosagem hormonal e não surtem esses tipos de efeitos colaterais.	Pode desencadear alguns efeitos colaterais desagradáveis, como náuseas, gastrite e dor nas mamas.
Ideal para quem tem restrições ao estrogênio, como as mulheres em fase de amamentação ou com miomas no útero.	Essa minipílula apresenta menor eficácia do que a pílula tradicional.
Como não passa pelo estômago, é melhor tolerada do que a oral.	Para quem apresenta inflamações na vagina, o problema pode piorar.
Único método disponível para casos de estupro ou de falha de preservativo.	Causa diversos efeitos colaterais: modifica o metabolismo hepático e provoca grandes alterações hormonais.
Único método hormonal para ser usado por homens.	Homens temem usar pílula: há um preconceito de que pode causar infertilidade e impotência.
Alta eficácia.	Pode surtir efeitos colaterais desagradáveis, como náuseas, gastrite, dor nas mamas.

Os principais métodos

 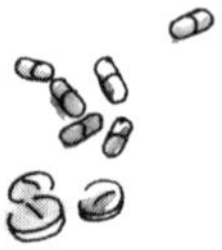  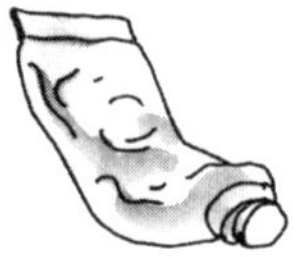

	Métodos	Margem de falha
intra-uterinos	**DIU** Dispositivo intra-uterino com cobre, substância que se dissolve na cavidade do útero e mata os espermatozóides na entrada do colo uterino. Age durante cinco anos.	1 pelo Índice de Pearl.
	Novo DIU – Dispositivo intra-uterino que contém hormônio. Funciona como a injeção anticoncepcional de progesterona. Deve ser trocado a cada cinco anos.	0,3 pelo Índice de Pearl. É tão eficaz quanto outros métodos hormonais.
cirúrgicos	**Esterilização** Há três tipos: • Laqueadura – Método em que se secciona e retira um fragmento da trompa. • Vasectomia – Secção do canal por onde os espermatozóides passam para serem ejaculados. O homem continua a ejacular, mas sem espermatozóides no sêmen. • Histerectomia – Retirada dos genitais internos femininos (útero e ovários).	Praticamente 0.
de barreira	**Camisinha feminina e masculina** Produto de látex para recobrir os genitais.	De 5 a 7 pelo Índice de Pearl (como o diafragma).
	Diafragma Espécie de calota de silicone para ser colocada no fundo da vagina. Tem tamanhos diferentes: deve ser escolhido de acordo com as dimensões do colo do útero.	De 5 a 7 pelo Índice de Pearl. Sem espermaticida, a margem de falha sobe.
	Espermaticida Substância colocada na vagina que mata os espermatozóides. É apresentado em creme, gel, spray, comprimido, efervescente, óvulo e espuma.	20 pelo Índice de Pearl.
comporta-mentais	**Tabelinha** Abstinência sexual periódica, na semana em que ocorre a ovulação. Ela se dá 14 dias antes do início da próxima menstruação. Deve-se evitar sexo três dias antes e três depois do dia da ovulação.	15 pelo Índice de Pearl.
	Coito interrompido Retirada do pênis da vagina alguns momentos antes da ejaculação. Essa prática, altamente ineficaz, é comum entre os adolescentes.	30 pelo Índice de Pearl.

contraceptivos

Prós	Contras
Alta eficácia. Não há o risco de esquecer de usá-lo, como ocorre com a pílula anticoncepcional.	Aumenta o fluxo e a duração da menstruação. Pode sair do lugar. Para manter a eficácia, é preciso fazer exame ginecológico a cada seis meses.
O mesmo do DIU anterior.	Pode provocar irregularidades menstruais. Se isso ocorrer, é preciso retirá-lo.
São métodos de esterilização que apresentam uma altíssima eficácia e não surtem efeitos colaterais.	Laqueadura e vasectomia são reversíveis apenas com cirurgia (mas os resultados nem sempre são garantidos). Não dá para reverter histerectomia.
Evita a transmissão de doenças.	Algumas pessoas acham que diminui a sensibilidade nos genitais.
Não surte efeitos colaterais.	Tem de ser colocado 15 minutos antes da relação.
Se não for usado com diafragma ou camisinha, não tem vantagens.	Margem alta de falha se usado sem outro método, como o diafragma ou a camisinha.
Não requer nenhum tipo de dispositivo ou medicação.	O casal tem de evitar sexo quando sente desejo. Falha facilmente, pois o ciclo hormonal da mulher pode variar.
Não tem.	É muito falho, pois o pênis libera líquido que contém espermatozóides mesmo antes da ejaculação. Pode causar ejaculação precoce. Na mulher, pode desencadear dificuldade para chegar ao orgasmo.

48 *E a esterilidade?*

A incapacidade de engravidar – que é a esterilidade – pode ser causada por vários fatores. Um dos principais é a ausência da ovulação. Ou uma ovulação fora dos padrões. Isso ocorre geralmente por problemas hormonais. Também podem ocorrer obstruções, totais ou parciais, dos caminhos que levam os espermatozóides ao óvulo. Infecções pélvicas agravam esse quadro. Há ainda o fator cervical: a secreção das glândulas do colo uterino pode não cumprir o papel de facilitar a sobrevida dos espermatozóides, produzindo o que se chama de muco hostil. Isso faz com que os espermatozóides morram no canal do colo uterino, não chegando a atingir o óvulo. Importante: o fator emocional conta muito na hora de engravidar. Muitas vezes a mulher não tem nenhum impedimento orgânico. Mas não consegue. Vira uma bola de neve: quanto mais angustiada, ansiosa e deprimida ela fica, mais dificuldade encontra para conseguir a gravidez.

49 *Quais as causas de esterilidade masculina?*

As mais freqüentes são conseqüências de infecções causadas por alguns vírus, como a caxumba, alterações hormonais e problemas circulatórios nos testículos (as varizes das veias do ligamento suspensor dos testículos, chamada de varicocele). Isso pode fazer com que os espermatozóides apresentem pouca qualidade: não se movem com a rapidez necessária para chegar ao óvulo. Ou que o esperma tenha uma baixa concentração de espermatozóides, insuficiente para desencadear o processo de fecundação.

50 *Tem solução?*

Tanto a mulher quanto o homem podem – e devem – buscar tratamento. Em alguns casos, como os problemas desencadeados por infecções, é possível reverter a situação. Em outros, a saída é a fecundação assistida: feita em laboratório. As perspectivas para esse tipo de fertilização são cada vez melhores. A cada dia a ciência evolui. Muitos casos antes considerados sem solução agora já são facilmente resolvidos.

AS 100 PRINCIPAIS DÚVIDAS MASCULINAS

Capítulo **11**

Tamanho do pênis, ereção do pênis, ejaculação do pênis. As principais dúvidas dos homens giram em torno dele — o pênis —, tão importante no universo masculino que ganha até nome próprio. Baixar esse nível de ansiedade e preocupação é o segredo para uma vida sexual mais feliz.

1 *Meu pênis ereto mede 14cm. É pequeno?*

Não. O pênis da maioria dos homens tem essa medida. No entanto, muitos não se contentam com o tamanho do pênis. Querem um órgão maior e vivem tentando compará-lo com o de outros homens. Tamanho de pênis é um grande mito da sexualidade masculina. Não deveria ser: pouco importam as medidas do órgão para o prazer. O que conta mais é o jeito de estimulá-lo.

2 *Dá para aumentá-lo com cirurgia?*

Essa cirurgia é contra-indicada pela classe médica. Nela, o ligamento chamado suspensor, que sustenta o pênis apontado-o para cima na hora da ereção, é seccionado. Isso faz com que a parte externa do pênis cresça cerca de 2cm a 3cm. Porém, a ereção passa a apontar para baixo. Quer dizer, você aumenta o pênis, mas cria um problema maior. Não há motivos que justifiquem esse tipo de cirurgia. O melhor é parar de se preocupar excessivamente com medidas e concentrar suas energias no que realmente interessa: em maneiras mais prazerosas de tocar a parceira, de senti-la e de levar uma vida sexual mais plena. Leia abaixo onde fica o ligamento suspensor e outros pontos principais da área pélvica masculina.

A região pélvica masculina e seus principais pontos

1 Ligamento suspensor
É o responsável pela angulação do pênis durante a ereção. Une o dorso do órgão ao osso púbico.

2 Prepúcio
É a pele que recobre a glande. Quando essa pele cresce demais (o problema chama-se fimose), o ideal é retirar parte dela por meio de cirurgia, para evitar desconforto durante a transa e possíveis infecções.

3 *E com algum tipo de exercício?*

Não. Isso é impossível. Exercícios penianos melhoram as condições da musculatura perineal, que envolve toda a área pélvica, mas não aumentam o pênis. Eles favorecem a irrigação sangüínea e melhoram a tonicidade muscular. Isso tem efeito positivo na sexualidade, como o aumento da percepção dos pontos de prazer na área pélvica. São exercícios simples: você contrai o pênis, conta até três e solta. Uma variação: contrair e soltar rapidamente, como se acompanhasse uma respiração ofegante. Para cada exercício, o ideal é não exagerar nas repetições: duas séries de dez repetições diárias já são suficientes para lhe trazer benefícios. Se fizer mais do que isso, pode apresentar dor muscular.

3 Glande
É a cabeça do pênis, uma das partes mais sensíveis do órgão, só perdendo para o freio do pênis, que fica logo abaixo da glande.

4 Freio
Une a glande ao corpo do pênis pela parte inferior do órgão. É supersensível para a maioria dos homens: os toques nessa região surtem muito prazer.

5 Testículos
São as gônodas masculinas. Produzem espermatozóides e hormônios. São mais frios do que o corpo, em torno de 1 grau. Isso é necessário para que funcionem de maneira adequada e produzam os espermatozóides.

6 Uretra
Canal por onde sai a urina e a ejaculação.

4 *A bomba a vácuo pode fazer meu pênis ficar maior?*

Não. A bomba a vácuo pode melhorar a capacidade de vascularização do pênis e ajudar a conseguir a ereção. Dá resultados positivos para a ereção, mas só deve ser usada após indicação médica. Não faz, entretanto, o pênis ficar maior.

5 *É verdade que, se eu perder peso, meu pênis cresce?*

Você pode ter essa sensação sim. Na maioria das vezes, o pênis dos homens gordos ou obesos tem dimensões normais, ficando apenas aparentemente diminuído pelo tecido gorduroso depositado nas coxas, no púbis e no abdome. Se você perder peso, o pênis não irá aumentar de verdade, mas a impressão que fica será certamente essa. Um dado interessante: a cada 13,6kg perdidos, o pênis parece que cresce 2,5cm. Há obesos que optam por uma lipoaspiração na área púbica. Quem é magro? Não adianta fazê-la. Só se terá essa impressão de crescimento se houver gordura localizada na região.

6 *Fico tão excitado que chego a sentir algumas dores. É natural?*

A excitação, por maior que seja, não deve despertar dores. Se você está sentindo, pode ser sinal de algum problema inflamatório nos genitais internos. Consulte um urologista.

7 *O meu pênis é bem torto. Isso é normal?*

Isso é característica de uma doença chamada Síndrome de Peyronie. É provocada por uma alteração no tecido que envolve o corpo cavernoso do pênis – a estrutura que dá consistência e volume ao órgão quando ereto. Se o desvio não é de grande intensidade e se o homem não sente dor na hora da ereção, não é necessário fazer nada. Porém, se há dor, é preciso procurar um urologista. A cirurgia que corrige esse problema costuma dar excelentes resultados.

8 *Pênis torto pode ser mais prazeroso para a mulher?*

Em alguns casos, se o desvio não for de grande intensidade, a curvatura pode exercer um atrito vaginal maior do que o habitual durante a penetração. Isso pode ser mais prazeroso para algumas parceiras. O problema, nesses casos, é que a tendência é a curvatura ir se acentuando com o tempo, o que pode provocar dor na ereção. Então, é preciso procurar um urologista.

9 *O meu pênis está apontando mais para baixo. Por quê?*

A direção do pênis varia de homem para homem e se altera de acordo com a idade. Aos 70 anos, o homem pode ter uma ereção que aponte totalmente para baixo. Isso ocorre por causa do ligamento suspensor, que fica na base do dorso do órgão. Com o tempo, ele se estica, modificando o ângulo da ereção. Esse é um processo gradativo e o homem acaba se adaptando à nova situação.

10 *O meu pênis tem espinhas. O que é isso?*

Pode ser apenas uma irritação de glândulas sebáceas da pele. Ou algo mais sério: indica a presença de uma doença sexualmente transmissível. Procure um médico para se certificar e encontrar o tratamento correto.

11 *Quando o meu pênis fica ereto, tenho de puxar uma pele para trás, senão a cabeça não aparece. É assim mesmo?*

Essa pele é chamada de prepúcio. O excesso de pele é uma anomalia denominada fimose. A finalidade dessa pele é recobrir a glande (cabeça do pênis), que é muito sensível. Na hora da ereção, o prepúcio deve recuar naturalmente para descobrir a cabeça do pênis. Em alguns casos, porém, isso não ocorre, pois o prepúcio é grande demais. Há homens em que chega a ter um tamanho três vezes maior do que o normal. Isso atrapalha a vida sexual. O ideal é fazer uma cirurgia para a retirada desse excesso. É simples e a recuperação é rápida. Procure um urologista.

12 *Às vezes, aparece uma gosma com um cheiro ruim. Por quê?*

Essa secreção de odor pouco agradável que se forma entre o prepúcio e o sulco da glande se chama esmegma. Em homens cujo prepúcio é grande demais, esse esmegma pode se acumular sob a pele e provocar sérias infecções. Esse é outro motivo para fazer a cirurgia de retirada de parte do prepúcio (circuncisão). Quem tem fimose (excesso de pele no pênis) e não fez a circuncisão precisa ter um cuidado especial ao tomar banho: deve puxar o prepúcio para trás e lavar bem ao redor da glande.

13 *A cabeça do meu pênis arde quando é tocada. Por quê?*

Esse excesso de sensibilidade é mais comum em homens com prepúcio longo. Ele acaba recobrindo a glande pela maior parte do tempo, fazendo com que, ao ser exposta, ela fique mesmo mais sensível. A solução para isso é tentar deixar a glande exposta sempre que possível ou fazer a circuncisão. No pênis circuncidado, a glande está sempre exposta. Sua membrana se torna mais endurecida e menos sensível pelo contato diário com a roupa íntima.

14 *Sinto uma queimação no canal da uretra, que dura um ou dois dias. É algum tipo de inflamação?*

É um sintoma de um problema agudo ou crônico da uretra, chamado de uretrite. Pode ser causado por infecções, inflamações ou até mesmo por microcálculos na urina. É importante consultar um urologista.

15 *Meus testículos doem. Por quê?*

É natural sentir dor de vez em quando. Mas só se for apenas uma pontada: a dor desaparece após um minuto ou dois. Se o incômodo for constante, é indício de problema, possivelmente uma infecção. Nesse caso, é necessário procurar um urologista o quanto antes.

16 *Tenho um caroço no testículo, mas não dói. É problema?*

É muito provável que seja. Você tem de ir ao médico com urgência. Pode ser uma doença séria: câncer testicular, que começa com um caroço indolor. Quanto mais cedo for detectado o problema, maiores as chances de o tratamento ter sucesso.

17 *Os meus testículos são frios. Isso é normal?*

É. A bolsa que abriga os testículos, chamada de escroto, é de 1 a 2 graus mais fria do que o restante do corpo. Ela age como uma geladeira para conservar a qualidade dos espermatozóides.

18 *Só tenho um testículo. Posso colocar uma prótese?*

Pode. Mas não há necessidade. Porém, se a questão estética o incomoda tanto, dá para colocar uma prótese.

19 *As veias do meu pênis estão mais aparentes. Isso pode causar impotência?*

Não. A aparência das veias penianas não tem qualquer relação com a impotência. O sistema circulatório que influi no mecanismo de ereção é o sistema arterial, não o venoso. As veias penianas superficiais são mesmo bem aparentes, sendo comum que elas variem de diâmetro em função de alterações circulatórias.

20 *E varicocele? Causa ou não impotência?*

Não diretamente. Ela influi no desejo, causando uma baixa. Isso, sim, pode causar a dificuldade de ter ereção. Varicocele é o nome que se dá à doença que provoca varize no cordão que irriga os testículos. Isso prejudica a circulação sangüínea dos testículos e, a longo prazo, pode levar a uma deficiência na produção de testosterona, o hormônio masculino da libido. É por isso que o desejo baixa.

21 *O meu pênis continua ereto após o orgasmo, mesmo sem eu sentir tesão. Isso é problema?*

Depende do tempo dessa ereção. Quando uma mesma ereção chega a durar mais de quatro horas, é sinal de priapismo. Há duas causas: um efeito colateral de injeções contra impotência ou um tipo de anemia que altera a coagulação do sangue, fazendo com que ele coagule dentro do pênis. Nesse segundo caso, se o sangue não for retirado, pode causar sérios danos ao pênis. Isso leva, mais tarde, a problemas para conseguir a ereção. O coágulo pode ser expelido naturalmente pelo corpo, após se injetar uma substância para acelerar esse processo. Ou precisa ser retirado de outra forma: aspirado por uma agulha especial ou, em casos mais sérios de ereções que chegam a durar cerca de 24 horas, por meio de cirurgia. Além de priapismo, alguns problemas neurológicos ou de circulação podem causar esse tipo de ereção prolongada.

22 *Não consigo ter ereção. Por quê?*

Na maioria das vezes, o problema tem fundo psicológico. Segundo dados da Sociedade Brasileira de Estudos em Sexualidade Humana, 70% dos casos de disfunção erétil de homens jovens são desencadeados por questões emocionais. Em idosos, o quadro é diferente: há causas orgânicas envolvidas em 60% a 70% dos casos. A grande vilã da ereção é a ansiedade em relação ao desempenho: o homem fica inseguro e tem medo de falhar. Aí, falha mesmo. Na próxima transa, ao medo de não ter ereção pode se aliar outro temor: "Será que eu vou conseguir mantê-la?". Isso pode levar a um novo fracasso. Outra preocupação que atrapalha: "Será que a parceira vai gostar da transa?". Todas essas cobranças internas e preocupações geram um estado de tensão que é fatal à ereção.

23 *Por que a ansiedade atrapalha tanto?*

A tensão age no mecanismo físico que desencadeia a ereção. Para entender melhor, é preciso saber como ocorre a ereção. É assim: num primeiro momento, a musculatura peniana relaxa, permitindo uma maior entrada de sangue no órgão. Em seguida, se contrai, impedindo, assim, que esse sangue vá embora. A ereção é exatamente isso: um pênis cheio de sangue. A tensão emocional atrapalha esse processo. A descarga de adrenalina provocada pela ansiedade de desempenho contrai os vasos sangüíneos dos corpos cavernosos do pênis. Com isso, o órgão não consegue reter uma quantidade suficiente de sangue dentro dele. O resultado é um pênis flácido.

24 *Há causas físicas para a dificuldade de ter ereção?*

Sim. Embora as principais causas sejam psicológicas, cerca de 30% dos casos de dificuldade de conseguir a ereção têm motivos orgânicos. Os principais são problemas cardíacos e hepáticos, desequilíbrios hormonais (baixo nível de androgênios), e doenças como diabete e hipertensão. Problemas neurológicos, que prejudicam a parte inferior da coluna, também podem atrapalhar a ereção. Na região pélvica, a doença de Peyronie, que deixa o pênis com uma curvatura acentuada (ver pergunta número 7), ou problemas na próstata, que exigem intervenção cirúrgica, podem causar dificuldade de ereção. Alguns medicamentos também são nocivos, como os que agem no sistema nervoso, além do abuso de álcool e de drogas.

25 *Como é o tratamento?*

A primeira coisa a fazer é procurar um urologista, para que ele avalie se há ou não causas físicas. Ele indicará o tratamento necessário para combatê-las. Caso não existam empecilhos físicos, é hora de avaliar o lado psicológico. Procurar um terapeuta sexual é, sem dúvida, a melhor saída. Ele vai investigar o que pode estar gerando a ansiedade e a tensão na hora da tran-

Para o homem ter mais prazer

Um roteiro para tirar o foco da ereção, aumentar o desejo, melhorar a excitação e tornar o orgasmo mais intenso.

sa. O objetivo do tratamento é ajudar o homem a se livrar de qualquer emoção negativa que interfira no mecanismo da ereção. Em muitos casos, a parceira é convocada para ajudar o tratamento. A eficiência sobe quando ela participa: estima-se que 80% dos casos têm sucesso graças à ajuda da mulher. Durante a terapia, o homem vai receber tarefas sexuais para fazer em casa. Veja a seguir algumas delas.

Só carícias
Fica proibida a penetração. Só valem os toques, que devem ser suaves e apenas com o intuito de dar e de sentir prazer – e não de desencadear a ereção. É uma busca de novos pontos eróticos.

Turnos de prazer
Numa hora, a mulher é acariciada, noutra o homem é tocado. Isso afasta a preocupação masculina de ter um bom desempenho durante todo o tempo, para satisfazer a parceira, o que às vezes provoca a perda da ereção. Cada um terá um momento para si, em que deve se concentrar apenas no próprio prazer.

Transa em etapas
A mulher faz sexo oral no homem ou o masturba até que ele consiga a ereção. Em seguida, senta sobre o parceiro (ele fica deitado, de barriga para cima) e encaixa o pênis na vagina. É ela que se movimenta, para estimular o homem. O casal deve se separar antes da ejaculação.

Orgasmo
O mesmo roteiro da etapa anterior, porém incluindo o orgasmo. Uma dica: aumentar o tempo de masturbação ou sexo oral, para que a penetração ocorra quando o homem estiver perto do clímax. Isso faz com que ele chegue lá sem se preocupar em ter de sustentá-la.

26 *Viagra ajuda?*

Pode ser que sim. Mas só deve ser usado com a recomendação do seu médico. O Viagra age no mecanismo da ereção, facilitando a entrada e a retenção de sangue no pênis. Só funciona se o homem tem desejo sexual, que é um dos requisitos básicos para que a ereção ocorra. Faz efeito em cerca de 80% dos homens que se medicam com ele. Para os outros 20%, não dá resultado. É contra-indicado para os cardíacos que se tratam com medicamentos à base de nitrato. Há a possibilidade de surtir efeitos colaterais, como dor de cabeça, diarréia, congestão nasal e ocular. Além do Viagra, já existem no mercado outros medicamentos facilitadores de ereção. Em geral, eles agem bloqueando a ação da adrenalina, substância que provoca a flacidez do pênis, ou facilitando a condução dos estímulos sexuais até o pênis. Vale lembrar: é importante procurar um médico para que ele indique qual o medicamento mais adequado para o seu caso.

27 *O Viagra ajuda a melhorar a* performance *para uma segunda rodada?*

Medicamentos do tipo Viagra agem apenas facilitando a ereção – e não aumentando o desejo ou a excitação. Se você tiver desejo para uma segunda vez, talvez o medicamento ajude. Se você não tem, o remédio não vai adiantar.

28 *Anéis usados para prolongar a ereção, vendidos em* sex-shops, *podem ser perigosos?*

Esses anéis são feitos para impedir que o sangue saia do pênis, evitando, assim, a flacidez do órgão. O uso desses artefatos, no entanto, não é recomendado por profissionais, exceto em situações muito especiais e por tempo reduzido. Isso porque o uso prolongado desses anéis muitas vezes provoca um problema maior: pode lesar o sistema vascular do pênis e, com isso, interferir intensa e negativamente no mecanismo da ereção.

29 *Muitos homens sofrem problemas com a ereção?*

Sim. Estima-se que 50% dos homens apresentam algum tipo de problema sexual ao longo da vida. Desses, 60% têm dificuldades eréteis. Ou seja, é o principal fantasma da sexualidade masculina. O segundo problema mais comum é a falta de controle da ejaculação: 30% dos homens que recorrem aos consultórios apresentam esse tipo de queixa.

30 *O meu pênis fica flácido na segunda transa. Sou impotente?*

Não. Impotência seria se você não conseguisse ereção nem para a primeira relação. O que ocorre com você é absolutamente normal. Após o orgasmo, o corpo masculino entra numa fase chamada refratária. Nesse período, não responde a estímulos eróticos. Ou seja, não tem ereção. O tempo de duração dessa fase varia de homem para homem e também de acordo com a idade.

Em jovens até 20, 25 anos, a fase refratária costuma ser breve: de 10 a 15 minutos. Homens de 30, 40 anos demoram de meia hora a uma hora. Após os 50, esse período pode dobrar. Em idosos, chega a levar de um a três dias.

31 *Perco a ereção quando coloco a camisinha. Tenho algum problema?*

Se isso ocorre com freqüência, você está com um problema chamado de disfunção erétil situacional. Na maioria das vezes, é de fundo psicológico, pois você tem a ereção – apenas não consegue mantê-la. Como foi dito nas perguntas anteriores, envolve ansiedade e medo de falhar, o que acaba contribuindo para que o problema se agrave. Procure um terapeuta. Com ajuda especializada, será mais fácil encontrar a solução.

32 *Só consigo ter ereção com uma ex-namorada – e com nenhuma outra mulher. Por quê?*

Esse é outro caso de disfunção erétil situacional. Você está acostumado com a ex. Então, na hora da transa com ela, fica calmo e relaxado. E tem ereção naturalmente. Com uma nova mulher, pode ser que se sinta angustiado e preocupado com o seu desempenho: se vai conseguir ter ereção e satisfazê-la na cama. A preocupação é fatal à ereção. A melhor saída é buscar terapia sexual.

33 *Um homem impotente, mesmo não tendo ereção, consegue sentir prazer?*

O prazer pode ser obtido de várias formas. Homens com disfunção erétil podem ter desejo, excitação e orgasmo. Se a disfunção impede a penetração, o homem pode ter orgasmo com a masturbação.

34 *Sempre acordo com o pênis duro. Por quê?*

A ereção matinal é absolutamente normal. Ela é desencadeada por descargas elétricas cerebrais – e não por estímulos eróticos. Esse tipo de ereção, aliás, ocorre de cinco a seis vezes durante a noite de sono. Ela é característica das fases de sono profundo, chamadas de REM (sigla americana para movimentos rápidos dos olhos).

35 *Fiz um pequeno corte no meu pênis num acidente doméstico, fui dormir e ele amanheceu cheio de sangue. Por quê?*

Isso ocorreu por causa das ereções noturnas, descritas na pergunta anterior. Com a ereção, o pênis se enche de sangue. Isso aumenta a circulação sangüínea nos vasos da superfície do órgão. Esse é o motivo para o pênis ter sangrado durante a noite. Não se preocupe.

36 *Tenho ejaculação precoce. Qual o motivo?*

As causas da ejaculação precoce são basicamente emocionais. Na maioria dos casos, estão relacionadas à ansiedade e ao medo de não conseguir manter a ereção durante toda a transa. Inconscientemente ou não, o homem procura ejacular rápido, antes que essa possível falha ocorra.

37 *Como eu faço para me curar?*

O tratamento mais indicado é a terapia sexual. Há uma técnica, usada como complemento da terapia, que emprega um roteiro de masturbação para o homem ir aprendendo devagar a ter controle sobre a ejaculação. Você pode tentar experimentá-la. Mas vale lembrar: o efeito é muito maior quando você conta com o acompanhamento de um profissional especializado. Veja o passo a passo:

Para retardar a ejaculação

Esta técnica é sugerida em terapia sexual. Tem várias etapas. É preciso seguir o roteiro com calma. Pressa só atrapalha.

1 Pressão da glande
Comece a masturbação. Na hora em que estiver prestes a ejacular, forme um anel com o dedo polegar e o indicador ao redor da glande (cabeça do pênis) e faça uma leve pressão. Ou pressione essa região com as pontas dos dedos. Pare por instantes e retome a masturbação. Repita o exercício até que consiga interromper e retomar a masturbação várias vezes, sem ejacular. Prazo mínimo recomendado: duas semanas.

38 *Há remédio que funcione contra ejaculação precoce?*

Há remédios que prometem diminuir a sensibilidade do pênis, mas isso pouco adianta. A ejaculação precoce tem fundo psicológico em praticamente todos os casos. Ou seja, é preciso tratar o lado emocional.

39 *Beber antes do sexo retarda a ejaculação?*

Beber o acalma? Se você fica um pouco mais relaxado com uma dose ou outra de bebida, pode ser que isso o ajude a controlar a ejaculação. Mas não dá para exagerar na dose. Nem fazer da bebida antes da transa um hábito. Depositar na bebida todas as fichas da felicidade sexual pode

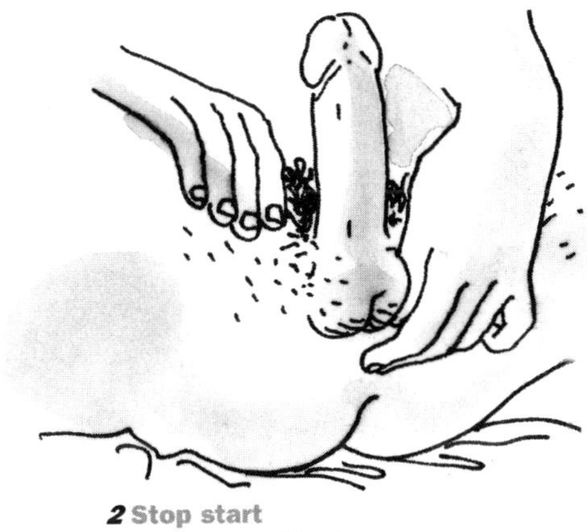

2 Stop start
Repita o exercício de interromper a masturbação ao chegar próximo ao orgasmo. A diferença é que você não deverá formar o anel em volta do pênis. Prazo recomendado: duas semanas.

3 Pressão no períneo
Comece a masturbação. Quando estiver perto do clímax, pressione o períneo (ponto localizado entre o ânus e os testículos) com os três dedos da mão, unidos. Respire fundo. Retome em seguida. Prazo mínimo recomendado: duas semanas.

4 Recomeço com a parceira
Repita a etapa 1, mas a mulher é que o masturba. Depois, passe à fase 2 e à 3, com a mulher. Em seguida, faça o exercício 3 com sexo oral e, numa próxima vez, com a penetração. Prazo recomendado: de uma a duas semanas em cada fase deste exercício.

ser o primeiro passo para a instalação do vício. E alcoolismo atrapalha – e muito – o desempenho sexual, principalmente em relação à ereção. Nesse caso, em vez de ajudar, o álcool vai trazer problemas maiores.

40 *Vez ou outra, ejaculo antes de satisfazer minha parceira. Estou com um problema sério?*

Se esse quadro é ocasional, não há por que se preocupar. A maioria dos homens pode ter a ejaculação precipitada em uma situação de grande tensão erótica. No entanto, se isso está ocorrendo com muita freqüência, é sinal de problema. A solução é terapia sexual.

41 *Como saber se tenho ejaculação precoce ou se é ela que demora?*

Um dos critérios para caracterizar a ejaculação precoce diz respeito ao tempo que dura a relação sexual. Segundo esse critério, ejaculador precoce é o homem que chega lá em menos de dois minutos. Existem outros critérios, tais como o clínico, segundo o qual a situação é definida quando, em mais de 50% das vezes, a relação não dura o suficiente para que a parceira chegue ao orgasmo. Um terceiro critério é o que se baseia na ocorrência da ejaculação com um número de movimentos de penetração menor do que 15.

42 *O sexo com minha namorada é rápido demais. Com outras mulheres, sempre foi normal. Tenho ou não ejaculação precoce?*

Pode ser ejaculação precoce. Se o sexo com a namorada faz com que você fique mais ansioso, é possível que a ejaculação precoce ocorra apenas com ela. É comum que os portadores a manifestem em situações em que a responsabilidade é maior, como numa relação fixa.

43 *Dá para ejacular duas vezes seguidas ou isso é lenda?*

Essa possibilidade existe sim. Em situações de grande interesse erótico, quando o nível de desejo é muito alto, podem ocorrer duas ejaculações seguidas, num prazo muito curto. Mas essa não é a situação mais comum.

44 *Sai do meu pênis uma quantidade bem pequena de um líquido que parece esperma. É ejaculação precoce?*

Não. Na fase de excitação avançada, é natural que uma pequena quantidade de líquido espermático saia do pênis, antes da ejaculação.

45 *Qual é a quantidade normal de esperma por ejaculação?*

Em geral, o homem ejacula o equivalente a uma colher de chá. Os espermatozóides correspondem a apenas 1% das substâncias contidas nesse líquido, ou menos do que isso. O restante são secreções da próstata e das glândulas anexas.

46 *Quando transo mais de uma vez por dia, a quantidade de esperma diminui. É normal?*

Sim. Se você tem ejaculações em intervalos em que a reserva do líquido espermático ainda não foi reposta, é normal que o volume total seja menor. Isso não deve preocupá-lo.

47 *Há como aumentar o volume da ejaculação?*

Não. Às vezes, se o homem passa um período prolongado sem ejacular, pode ser que a primeira ejaculação venha em quantidade maior. Mas isso ocorre de vez em quando.

48 *É possível ter um orgasmo sem ejacular?*

Sim. Isso é incomum, mas é possível. O orgasmo depende de um centro nervoso diferente daquele que controla a ejaculação. Se esse fato ocorrer ocasionalmente, não é sinal de nenhuma alteração no seu organismo. Se for freqüente, pode se tratar de ejaculação retrógrada: em vez de o esperma ser expelido, ele vai para a bexiga. Isso ocorre geralmente após uma cirurgia de próstata. Mas não afeta o prazer nem faz mal à saúde.

49 *Demoro cerca de uma hora para ejacular. Por quê?*

Esse problema é chamado de retardo ejaculatório. A causa pode ser orgânica, como problemas neurológicos, porém o mais comum é que tenha fundo psicológico. O primeiro passo é procurar um urologista. Caso não existam complicações físicas, a saída é a terapia sexual.

50 *Senti uma dor muito forte quando gozei e, logo depois, notei um pequeno sangramento. O que é isso?*

Pode ser um problema inflamatório, de fácil tratamento, ou indício de uma infecção mais grave. Procure um urologista.

51 *Se me masturbo, após a ejaculação sinto uma dor incômoda entre os testículos e o ânus. Por quê?*

A dor pode ser causada por pressão na região, ocasionada pelos movimentos da masturbação. Ou até mesmo por problemas psicológicos. A saída? Ir ao médico.

52 *Não ejaculo com a penetração vaginal, apenas me masturbando. Como eu mudo isso?*

Alguns homens precisam se masturbar após as relações sexuais para chegar ao orgasmo. Isso não é tão raro. Se não atrapalha sua vida sexual, não se preocupe. Mas se o incomoda, uma boa opção pode ser a terapia.

53 *Fico horas me masturbando olhando para fotos eróticas. Isso é errado?*

De jeito nenhum. A masturbação é uma prática saudável. Só faz bem para a vida sexual.

54 *Fico acessando sites eróticos no internet durante horas. Sou viciado?*

Há pessoas que estão se viciando, sim, em sexo virtual. O problema cresce quando substituem o sexo a dois por essa nova modalidade de prazer. O melhor é buscar a ajuda de um terapeuta sexual.

55 *Tem dia que me masturbo três, quatro vezes. Sou viciado?*

Tudo indica que não. Se você vez ou outra tem uma alta de desejo e se masturba muito, não quer dizer que seja viciado. A compulsão por sexo é algo que toma conta da vida da pessoa de tal forma que ela não consegue fazer mais nada além de pensar em sexo. Passa o dia inteiro planejando o sexo e buscando formas de ter relações. Chega a se masturbar em qualquer lugar: no escritório, no trânsito... Nesse caso, é preciso buscar tratamento.

56 *Aos 17 anos eu me masturbava até oito vezes ao dia. Hoje, aos 30, só uma vez. Por que eu perdi o pique?*

É normal que na adolescência o interesse pela masturbação seja maior do que em qualquer outra fase da vida. É um período de descoberta da sexualidade. Não se preocupe. O que ocorreu com você é perfeitamente normal.

57 *Minha namorada não se masturba, pois acha que é sujo. Será?*

Essa visão da masturbação como algo errado é resultado de uma educação sexual repressora. Não há nada de sujo na masturbação. Pelo contrário: é uma prática saudável que só faz bem para a pessoa: é a melhor forma de descobrir zonas erógenas. Outra vantagem: as descobertas podem ser levadas para o sexo com o parceiro, o que incrementará o prazer de vocês dois.

58 *Sinto ciúme do vibrador dela. Estou errado?*

Muitos homens têm esse tipo de ciúme, pois acham que, se a parceira usa um vibrador, é porque eles não a estão satisfazendo. Isso é fruto de insegurança. Se a relação de vocês é satisfatória para os dois, não há com que se preocupar. A masturbação com o vibrador é apenas um prazer a mais para ela. Assim como a sua masturbação é um prazer só seu.

59 *Até que ponto é normal o odor da vagina?*

A vagina é um órgão superlimpo. As secreções naturais têm um cheiro característico, mas não costuma ser tão intenso. Mau cheiro vaginal é sinal de infecção. A mulher precisa procurar um médico o quanto antes.

60 *Sinto enjôo com o gosto da vagina. Então, chupo bala de hortelã durante o sexo oral nela. Há algum inconveniente?*

Não, não há qualquer inconveniente. Se esse recurso dá mais prazer, melhor pra vocês.

61 *Se uma mulher tiver o vírus da Aids e eu fizer sexo oral nela, quais são as minhas chances de pegar o vírus?*

A possibilidade de transmissão de vírus é menor do que com outras práticas, como sexo anal ou vaginal. Mas ela existe. E você precisa se prevenir: a mulher deve usar camisinha feminina para receber sexo oral.

62 *Fiz sexo oral com uma mulher menstruada. Posso ter contraído Aids mesmo com ela usando absorvente interno?*

Sexo oral pode transmitir Aids. O fato de ela usar ou não absorvente interno não aumenta nem diminui a probabilidade dessa transmissão.

63 *Transei sem preservativo. Após quanto tempo da relação eu posso fazer um exame de sangue para constatar se peguei uma DST?*

Varia conforme o tipo de bactéria ou vírus. Pode ser desde três semanas até quatro meses. De imediato, dá para colher material da uretra. Além disso, é importante consultar um médico, que pode lhe dar mais detalhes.

64 *Adoro sexo anal. Sou normal ou isso é uma obsessão?*

Sim, você é normal. As preferências sexuais variam de pessoa para pessoa. Mas o sexo anal é uma prática que atrai grande parte dos homens, por vários motivos: acham que o ânus faz uma pressão no pênis maior do que a vagina e, com isso, dá mais tesão; gostam da posição clássica, pois ela dá uma sensação de poder; têm fixação pelo bumbum... Ou seja, é perfeitamente normal.

65 *Gostar de fazer sexo anal com a parceira tem a ver com homossexualidade?*

Não. Isso é uma crença antiga e equivocada, que relaciona a prática anal como uma exclusividade de casais homossexuais.

66 *E se eu gostar de carícias no meu ânus?*

Não há mal algum. Isso não quer dizer homossexualidade nem bissexualidade. A pessoa só é considerada homo ou bissexual quando sente atração por outra do mesmo sexo. Toques anais não têm nada a ver com isso. A região anal, aliás, é uma área extremamente erótica – tanto para o homem quanto para a mulher.

67 *Tenho namorada, mas estou tendo desejo de fazer umas coisas estranhas com um amigo. Sou bissexual?*

Pode ser que sim. Sentir atração erótica por ambos os sexos é uma característica de bissexualidade. Se você deve ou não exercer a bissexualidade e se deve ou não conversar a respeito com sua namorada, isso é uma outra história. Só você mesmo pode dar a resposta.

68 *O que posso fazer para que ela tenha vontade e perca o medo de sexo anal?*

Ir com calma. Não adianta pressionar. Você pode estimulá-la devagar, começando com carícias feitas com as mãos e, mais tarde, tentar a penetração anal. Uma dica: o uso de lubrificante à base de água, vendido em farmácias, facilita a penetração e a torna mais prazerosa para vocês dois.

69 *Sexo anal pode trazer algum problema para ela?*

Se for feito com cuidado e com a lubrificação adequada, não faz mal. E pode ser altamente excitante. Só não dá para fazer penetração vaginal depois da anal sem antes trocar o preservativo. Senão o pênis pode levar para a vagina algumas bactérias do ânus, que podem causar infecção.

70 *Ela jurou que era virgem, mas a vagina não era muito apertada. Será que mentiu?*

Não. A vagina é um órgão extremamente elástico. Dependendo do grau de excitação da mulher, dobra de tamanho para receber o pênis. Além disso, há vários tipos de hímen, sendo uns mais elásticos do que outros. Esses se rompem com maior facilidade.

71 *Ela desiste na hora da penetração vaginal. Por quê?*

Algumas mulheres ficam tão tensas na hora do sexo que contraem a musculatura vaginal, sentindo dor na penetração. Ela precisa procurar um médico. Esse problema se chama vaginismo e deve ser tratado com a ajuda de um especialista.

72 *Ela não goza com a penetração. Por quê?*

Mulher precisa de estimulação no clitóris para chegar ao orgasmo. O ideal é continuar as carícias no clitóris durante a penetração. Isso aumenta as chances de ela chegar lá.

73 *O que é exatamente o clitóris?*

É um dos pontos mais sensíveis da região vaginal. Nele, os toques são tão prazerosos quanto as carícias feitas na glande (a cabeça do pênis). Estimulá-lo é fundamental para o prazer da mulher.

74 *Como eu faço para transar com ela durante a menstruação?*

Uma boa saída é o uso de camisinha feminina. Isso não vai acabar com o fluxo menstrual, mas reduzi-lo um pouco durante a transa.

75 *É verdade que a vagina solta descargas elétricas na transa?*

Sim. Toda contração muscular desencadeia pequenas descargas elétricas. Durante o orgasmo, ocorrem contrações dos músculos em torno da vagina e do períneo. No entanto, essa descarga elétrica é muito pouco intensa. Não dá para o parceiro senti-la.

76 *É normal ter de usar sempre algum tipo de lubrificante para transar?*

Normalmente, na fase de excitação, a vagina produz quantidade suficiente de líquido lubrificante para possibilitar a relação. Se isso não está ocorrendo, pode ser que a parceira não tenha se excitado o suficiente ou esteja com algum problema vaginal.

77 *Ela gosta mais do meu dedo do que do meu pênis. Será que é uma questão de tamanho?*

Não. Isso ocorre porque com o dedo você massageia mais facilmente o clitóris, que é o principal ponto de prazer da mulher. As dimensões do pênis não têm nada a ver com essa história.

78 *Gosto de transar na posição de quatro, mas ela reclama que a vagina dói. Por quê?*

Nessa posição, a penetração do pênis é mais profunda. O órgão pode tocar o colo do útero e, em alguns casos, provocar dor.

79 *Quais as posições de que as mulheres mais gostam?*

Isso varia. Uma boa posição é aquela em que a parceira fica por cima. Assim, ela pode controlar a intensidade da penetração, o que torna o sexo mais prazeroso.

80 *Sinto vontade de urinar durante a transa. Por quê?*

É um reflexo que ocorre quando a bexiga está cheia. A saída é simples: esvaziá-la antes da transa.

81 *A mulher perde a vontade de continuar transando depois que chega ao orgasmo?*

Sim. Não só ela como você. Após o orgasmo, começa uma fase chamada resolução, em que desaparece a excitação e o desejo, tanto nos homens quanto nas mulheres. O que não quer dizer que o sexo tenha de parar ali. Se um gozou primeiro do que o outro, nada mais justo do que continuar a estimulação do parceiro até que ele também chegue lá.

82 *Nosso desejo não combina: por mim, transaria de cinco a seis vezes por semana, mas, por ela, apenas duas ou três. Quem está errado?*

Ninguém. Cada pessoa tem um ritmo. Não há nada de errado nem com você nem com ela. Para melhorar a sintonia, busque maneiras diferentes de estimulá-la e evite cobranças. Elas são fatais ao desejo sexual.

83 *Qual a freqüência ideal para um casal?*

Não há regra. Cada casal deve encontrar o ritmo que o satisfaça. Essa será a freqüência ideal. Caso um se satisfaça com menos transas do que o outro, a masturbação pode ser uma ótima opção.

84 *Só consigo transar no máximo três vezes por semana. Preciso de tratamento?*

Essa freqüência é absolutamente normal. Se você transasse menos do que isso, também seria natural. Cada um deve escolher o próprio ritmo sexual. A mania de querer entrar num padrão ou se comparar com outras pessoas é altamente negativa, pois gera uma ansiedade que não combina com prazer.

85 *Perdi o desejo. Qual o motivo?*

Baixas de desejo muitas vezes são causadas por problemas fora da cama, como estresse, depressão, excesso de trabalho e de preocupações. Ao contorná-los, o desejo volta.

86 *Testosterona pode ajudar?*

Sim. A queda nos níveis de testosterona, que ocorre mais acentuadamente após os 50 anos, influi diretamente na libido. Repor o hormônio pode fazer efeito positivo. Isso pode ser feito com injeções e comprimidos. Há também uma versão em adesivos, para colar na pele, à venda nos Estados Unidos.

87 *Por que o homem tem mais desejo do que a mulher?*

Isso é uma crença equivocada e preconceituosa. Ambos têm capacidades iguais de sentir desejo. O que ocorre é que, na prática, a mulher é mais suscetível aos problemas do dia-a-dia, o que a expõe a mais fases de baixa de libido. Há ainda a questão da criação: muitas mulheres cresceram ouvindo coisas negativas sobre sexo; já o homem aprende desde cedo a valorizar o pênis e suas possibilidades de prazer.

88 *Existe algum medicamento para aumentar a libido dela?*

Não há. Vocês precisam encontrar outras formas de despertar a libido.

89 *A pílula pode inibir o desejo dela?*

Talvez. Cerca de 20% das mulheres apresentam baixa de desejo com o uso de anticoncepcionais orais. Essa reação não é uniforme: há mulheres em que o sexo fica melhor depois que começam a tomar pílula, pois se sentem mais seguras quanto ao risco de gravidez. Uma saída talvez seja procurar o ginecologista para trocar de método contraceptivo ou de marca de anticoncepcional. Há uma infinidade de pílulas no mercado, com dosagens diferentes de hormônios, que podem gerar mais ou menos efeitos colaterais na mulher.

90 *Ela ficou grávida e eu não consigo mais transar. Por quê?*

Sexo na gravidez não é errado. Pelo contrário: aumenta a cumplicidade do casal e faz bem para a vida de vocês dois. Mas muitos homens, quando vêem a mulher grávida, enxergam a mãe deles. Isso pode ser até de forma inconsciente. Aí, o desejo vai embora. Não precisa ser dessa maneira. Basta compreender que a maternidade não exclui a carga erótica de uma mulher.

91 *Tem muito homem que perde o desejo na gravidez da mulher?*

Sim. Estima-se que cerca de 50% dos homens apresentam alterações de libido nesse período. Passada essa fase, o desejo volta.

92 *Tenho medo de machucar o bebê. Será que isso pode ocorrer com a penetração?*

De jeito nenhum. A penetração não atinge o bebê. Isso é um mito (veja mais sobre sexo na gravidez no Capítulo 10).

93 *Quanto tempo tenho de esperar para transar com penetração depois do parto?*

Se a cirurgia e a recuperação transcorrerem sem problemas, vocês podem retomar o sexo vaginal a partir da cicatrização da parede abdominal e da pele, o que ocorre em mais ou menos três ou quatro semanas. No entanto, se ela estiver amamentando, é comum uma diminuição temporária do desejo, causada por alterações hormonais próprias dessa fase. Ou seja, pode ser que ela não esteja preparada para retomar a sexualidade. Se ela tiver vontade de voltar ao relacionamento, ótimo. Caso contrário, dê um tempo. A maternidade, principalmente nos casos em que se trata do primeiro filho, traz modificações importantes para o psiquismo da mulher – e você deve respeitar esse fato.

94 *Ela está tentando engravidar há seis meses, mas sem sucesso. É hora de procurar um especialista?*

O ideal é esperar mais um pouco, pelo menos mais seis meses. A maioria dos casais férteis chega à gestação no primeiro semestre de tentativa. Mas isso não é regra. Recomenda-se aguardar um ano e, depois disso, procurar a ajuda de um especialista.

95 *Não suporto as preliminares. Por que as mulheres gostam tanto disso?*

O homem tem o prazer muito focado no pênis e na penetração vaginal. A mulher não. Ela sente mais tesão com masturbação e sexo oral. Ela também precisa de um tempo maior do que o homem para chegar a se excitar. Por isso as preliminares são importantes. Senão você chega ao orgasmo e ela não.

96 *Gosto dela, mas tenho fantasias com outras. Isso é errado?*

Não há nada de errado em você ter fantasias sexuais com outras mulheres. No campo das fantasias, tudo é possível e estimulante. Colocá-las em prática é uma outra história.

97 *Dá para saber quando ela está fingindo?*

É difícil saber ao certo. O ideal é jogar limpo: conversar francamente para evitar que isso ocorra.

98 *Ela nunca chega ao orgasmo. Sou eu o culpado?*

Não. Esse é um problema que, antes de tudo, ela mesma tem de vencer, conhecendo os próprios pontos de prazer e o jeito certo de tocá-los. Claro que você pode ajudá-la a conseguir chegar lá. Não fazer cobranças é um bom começo.

99 *Qual o segredo para a transa ser a melhor de todas, tanto para mim quanto para ela?*

O grande segredo é relaxar. E fazer apenas o que dá prazer aos dois.

100 *Até quando posso fazer sexo?*

A vida inteira. Basta sentir desejo.

Onde buscar ajuda

Há entidades que oferecem atendimento gratuito para pessoas com dificuldades sexuais. Outras dão uma orientação via telefone, esclarecendo dúvidas. Veja a seguir como entrar em contato com algumas delas:

Help Line Sexualidade
Esclarecimento de dúvidas de adolescentes por telefone
Tel. 0800 115171

Persona – Centro de Estudos em Comportamento Humano
Terapia de grupo para adultos
Tel. (11) 3661-7968

Prosex – Projeto Sexualidade do Instituto de Psiquiatria do Hospital das Clínicas de São Paulo
Atendimento individual e em grupo para adultos
Tel. (11) 3069-6982

Esclarecimento de dúvidas por telefone
Tel. 0800 162044

Sosex – Serviço de Orientação Sexual do Instituto Kaplan
Esclarecimento de dúvidas por telefone
Tel. 0800 552533

Este livro foi impresso na
LIS GRÁFICA E EDITORA LTDA.
Rua Felício Antonio Alves, 370 – Jd. Triunfo – Bonsucesso
CEP 07175-450 – Guarulhos – SP – Fone. (0xx11) 6436-1000
Fax.: (0xx11) 6436-1538 – E-Mail: lisgraf@uninet.com.br